CONTRATO-PROMESSA
DE COMPRA E VENDA DE FRACÇÃO AUTÓNOMA

CARLOS RICARDO SOARES
Advogado

CONTRATO-PROMESSA
DE COMPRA E VENDA DE FRACÇÃO AUTÓNOMA

3.ª Edição

GUIA PRÁTICO

Requisitos de Validade
Eficácia Real
Sinal
Mora – Execução Específica
Incumprimento definitivo
Resolução – Indemnização
"Traditio rei" – Direito de Retenção
Legislação
Sumários de Jurisprudência

ALMEDINA
1955-2005

CONTRATO-PROMESSA DE COMPRA E VENDA DE FRACÇÃO AUTÓNOMA

AUTOR
CARLOS RICARDO SOARES

EDITOR
EDIÇÕES ALMEDINA, SA
Rua da Estrela, n.º 6
3000-161 Coimbra
Tel.: 239 851 904
Fax: 239 851 901
www.almedina.net
editora@almedina.net

EXECUÇÃO GRÁFICA
G.C. – GRÁFICA DE COIMBRA, LDA.
Palheira – Assafarge
3001-453 Coimbra
producao@graficadecoimbra.pt

Agosto, 2005

DEPÓSITO LEGAL
232163/05

Toda a reprodução desta obra, por fotocópia ou outro qualquer processo,
sem prévia autorização escrita do Editor,
é ilícita e passível de procedimento judicial contra o infractor.

NOTA PRÉVIA

Neste guia prático, ocupar-nos-emos do contrato-promessa bilateral de compra e venda de fracção autónoma de prédio urbano, circunscrevendo a nossa atenção às particulares exigências formais do artigo 410.º n.º 3[1], do Código Civil, (com a redacção do Dec.-Lei 379/86, de 11 de Novembro), à garantia do direito à execução específica, prevista nos termos dos artigos 830.º n.ºs 3 e 4[2]

---

[1] Artigo 410.º n.º 3:
"No caso de promessa relativa à celebração de contrato oneroso de transmissão ou constituição de direito real sobre edifício, ou fracção autónoma dele, já construído, em construção ou a construir, o documento referido no número anterior deve conter o reconhecimento presencial da assinatura do promitente ou promitentes e a certificação, pelo notário, da existência da licença respectiva de utilização ou de construção; contudo, o contraente que promete transmitir ou constituir o direito só pode invocar a omissão destes requisitos quando a mesma tenha sido culposamente causada pela outra parte".
(Redacção do Dec.-Lei 379/86, de 11-11)

[2] Artigo 830.º:
"1. Se alguém se tiver obrigado a celebrar certo contrato e não cumprir a promessa, pode a outra parte, na falta de convenção em contrário, obter sentença que produza os efeitos da declaração negocial do faltoso, sempre que a isso não se oponha a natureza da obrigação assumida."
"2. Entende-se haver convenção em contrário, se existir sinal ou tiver sido fixada uma pena para o caso de não cumprimento da promessa."
"3. O direito à execução específica não pode ser afastado pelas partes nas promessas a que se refere o n.º 3 do artigo 410.º; a requerimento do faltoso, porém, a sentença que produza os efeitos da sua declaração negocial pode ordenar a modificação do contrato nos termos do artigo 437.º, ainda que a alteração das circunstâncias seja posterior à mora."
"4. Tratando-se de promessa relativa à celebração de contrato oneroso de transmissão ou constituição de direito real sobre edifício, ou fracção autónoma dele, em que caiba ao adquirente, nos termos do artigo 721.º, a faculdade de expur-

*e 413.° n.° 3*³*, do Código Civil e, bem assim, à protecção indemnizatória estatuída nos artigos 442.° n.° 2*⁴*, 755.°*⁵ *n.° 1, al. f), 562.°*⁶ *e segs., do Código Civil.*

---

gar hipoteca a que o mesmo se encontre sujeito, pode aquele, caso a extinção de tal garantia não preceda a mencionada transmissão ou constituição, ou não coincida com esta, requerer, para efeito da expurgação, que a sentença referida no n.° 1 condene também o promitente faltoso a entregar-lhe o montante do débito garantido, ou o valor nele correspondente à fracção do edifício ou do direito objecto do contrato e dos juros respectivos, vencidos e vincendos, até pagamento integral."

"5. No caso de contrato em que ao obrigado seja lícito invocar a excepção de não cumprimento, a acção improcede, se o requerente não consignar em depósito a sua prestação no prazo que lhe for fixado pelo tribunal."

(Redacção do Dec.-Lei 379/86, de 11-11)

³ Artigo 413.°:

"1. À promessa de transmissão ou constituição de direitos reais sobre bens imóveis, ou móveis sujeitos a registo, podem as partes atribuir eficácia real, mediante declaração expressa e inscrição no registo."

"2. Deve constar de escritura pública a promessa a que as partes atribuam eficácia real; porém, quando a lei não exija essa forma para o contrato prometido, é bastante documento particular com reconhecimento da assinatura da parte que se vincula ou de ambas, consoante se trate de contrato-promessa unilateral ou bilateral."

(Redacção do Dec.-Lei 379/86, de 11-11)

⁴ Artigo 442.°:

"1. Quando haja sinal, a coisa entregue deve ser imputada na prestação devida, ou restituída quando a imputação não for possível."

"2. Se quem constitui o sinal deixar de cumprir a obrigação por causa que lhe seja imputável, tem o outro contraente a faculdade de fazer sua a coisa entregue; se o não cumprimento do contrato for devido a este último, tem aquele a faculdade de exigir o dobro do que prestou, ou, se houve tradição da coisa a que se refere o contrato prometido, o seu valor, ou o do direito a transmitir ou a constituir sobre ela, determinado objectivamente, à data do não cumprimento da promessa, com dedução do preço convencionado, devendo ainda ser-lhe restituído o sinal e a parte do preço que tenha pago."

"3. Em qualquer dos casos previstos no número anterior, o contraente não faltoso pode, em alternativa, requerer a execução específica do contrato, nos termos do artigo 830.°; se o contraente não faltoso optar pelo aumento do valor da coisa ou do direito, como se estabelece no número anterior, pode a outra parte opor-se ao exercício dessa faculdade, oferecendo-se para cumprir a promessa, salvo o disposto no artigo 808.°."

"4. Na ausência de estipulação em contrário, não há lugar, pelo não cumpri-

Por outro lado, pretendendo ser um guia prático de abordagem elementar do contrato-promessa, cumpre não descurar algumas referências atinentes aos problemas suscitados pelos contratos,

---

mento do contrato, a qualquer outra indemnização, nos casos de perda do sinal ou de pagamento do dobro deste, ou do aumento do valor da coisa ou do direito à data do não cumprimento."
(Redacção do Dec.-Lei n.º 379/86, de 11-11)
5 Artigo 755.º:
"1. Gozam ainda do direito de retenção:
"a) O transportador, sobre as coisas transportadas, pelo crédito resultante do transporte;"
"b) O albergueiro, sobre as coisas que as pessoas albergadas hajam trazido para a pousada ou acessórios dela, pelo crédito da hospedagem;"
"c) O mandatário, sobre as coisas que lhe tiveram sido entregues para execução do mandato, pelo crédito resultante da sua actividade;"
"d) O gestor de negócios, sobre as coisas que tenha em seu poder para execução da gestão, pelo crédito proveniente desta;"
"e) O depositário e o comodatário, sobre as coisas que lhe tiverem sido entregues em consequência dos respectivos contratos, pelos créditos deles resultantes;"
"f) O beneficiário da promessa de transmissão ou constituição de direito real que obteve a tradição da coisa a que se refere o contrato prometido, sobre essa coisa, pelo crédito resultante do não cumprimento imputável à outra parte, nos termos do artigo 442.º."
"2. Quando haja transportes sucessivos, mas todos os transportadores se tenham obrigado em comum, entende-se que o último detém as coisas em nome próprio e em nome dos outros."
(Redacção do Dec-Lei 379/86, de 11-11)
6 Artigo 562.º:
"Quem estiver obrigado a reparar um dano deve reconstituir a situação que existiria, se não se tivesse verificado o evento que obriga à reparação."
Artigo 563.º, do Código Civil (Nexo de causalidade):
"A obrigação de indemnização só existe em relação aos danos que o lesado provavelmente não teria sofrido se não fosse a lesão."
Artigo 564.º, do Código Civil (Cálculo da indemnização):
"1. O dever de indemnizar compreende não só o prejuízo causado, como os benefícios que o lesado deixou de obter em consequência da lesão."
"2. Na fixação da indemnização pode o tribunal atender aos danos futuros, desde que sejam previsíveis; se não forem determináveis, a fixação da indemnização correspondente será remetida para decisão ulterior."

quanto à capacidade negocial das partes, à validade da declaração negocial e ao objecto do negócio.

É certo que as questões relacionadas com o incumprimento unilateral e bilateral do contrato-promessa de compra e venda de fracção autónoma de prédio urbano assumem a maior relevância, até pelas consequências que a lei especialmente prevê para o promitente faltoso.

Mas, na economia de um guia prático dirigido a um público que pode não ser familiarizado nem com a teoria do negócio jurídico nem com o direito das obrigações, importa distinguir as situações de incumprimento (de origem unilateral ou bilateral) ou de impossibilidade de cumprimento, das situações de ineficácia e de invalidade do contrato, nomeadamente nulidades e anulabilidades.

Assim, será dedicado um capítulo (1) aos requisitos de validade do contrato-promessa.

Quem se propõe assinar um contrato-promessa bilateral de compra e venda de fracção autónoma de prédio urbano, deve ter presente a exigência legal de forma escrita, do reconhecimento presencial das assinaturas, da certificação, pelo notário, da existência da licença respectiva de utilização ou de construção, mas também deve saber que para o negócio ser válido as partes têm de ter capacidade[7]/legitimidade jurídica para o celebrar, que a declaração negocial e a vontade negocial devem coincidir[8] e não enfermar de vícios ou erros relevantes[9] e que o objecto do contrato deve ser

---

[7] Veremos, adiante, as incapaciades derivadas da menoridade, interdição e inabilitação, onde se fará uma análise sucinta dos respectivos regimes jurídicos. Quanto à ilegitimidade, será referida a propósito das situações em que um dos cônjuges, desacompanhado do outro, celebra um negócio para o qual a lei exige a intervenção de ambos.

[8] Também analisaremos situações de divergência entre a declaração negocial e a vontade do declarante, que pode ser uma divergência intencional (simulação, reserva mental, declaração não séria) ou não intencional (falta de consciência da declaração, coacção física, erro-obstáculo, erro na transmissão, erro de cálculo ou de escrita).

[9] Quanto aos vícios ou erros relevantes, temos em vista o erro vício, o dolo, a coacção moral e, também, a incapacidade acidental.

física e legalmente possível, determinável, conforme com a ordem pública e os bons costumes e não ser contrário à lei.

Com efeito, se o contrato-promessa carecer de eficácia por falta de algum dos requisitos legais (grande parte das vezes em consequência de anulabilidade ou nulidade), os efeitos próprios da constituição de sinal, do direito à execução específica, à indemnização pelo valor e do direito de retenção, deixarão de produzir-se.

Havendo declaração de nulidade ou de anulação do negócio, ela tem efeitos retroactivos e impõe que seja restituído tudo o que tiver sido prestado ou, não sendo possível a restituição em espécie, o valor correspondente.

Importa estar precavido, não apenas quanto aos requisitos de validade do negócio.

Quem se propõe assinar um contrato-promessa, deve igualmente estar precavido quanto às implicações das cláusulas do contrato e, de igual modo, quanto às implicações de o contrato não conter certas cláusulas.

A autonomia da vontade das partes pode desempenhar um papel determinante na formação do contrato-promessa de compra e venda de fracção autónoma de prédio urbano.

E não cessam aqui as preocupações.

Depois do contrato assinado, do sinal passado e, eventualmente, da tradição da fracção, são frequentes os imprevistos e as vicissitudes mais ou menos previstas ou esperadas por ambas ou apenas por uma das partes, que requerem acuidade na ponderação daquilo que se deve fazer, sendo muitas vezes delicadas e complexas as questões da simples mora ou de um incumprimento, ou porque é importante a interpretação do teor da declaração negocial, por exemplo, quanto ao termo, ou, porque é discutível a imputação unilateral ou bilateral da mora ou do não cumprimento, e assim por diante.

Por outro lado, a perspectiva de uma via contenciosa ou de litígio judicial, pode ser favorecida, em muitos casos, por uma conduta sensata e prudente que depende, em larga medida, de conhecimentos minuciosos dos enquadramentos jurídicos, substantivo e processual.

Ora, tudo isto não dispensa uma incursão mais do que panorâmica pela Jurisprudência dos nossos tribunais, onde os normativos, no confronto com os interesses em causa do caso concreto, são questionados acerca da bondade das suas soluções.

Assim é que, sempre que pareceu pertinente e apropriado, se transcreveram acórdãos, contextualizando-os.

De modo semelhante se procedeu quanto aos artigos do Código Civil, reproduzindo-os à medida que ia sendo oportuno.

Sendo objectivo deste guia prático tão somente apresentar de forma clara o que é fundamental na regulamentação do contrato--promessa de compra e venda de fracção autónoma de prédio urbano, como ficou frisado, tanto bastará, decerto, para que seja um instrumento de consulta, de grande utilidade e eficácia em situações como as atrás referidas.

1. REQUISITOS DE VALIDADE

1.1. Requisitos de forma [10]

---

[10] Exemplos de negócios formais – (Documento particular):
– artigo 415.º, do Código Civil: "É aplicável ao pacto de preferência o disposto no n.º 2 do artigo 410.º."
– artigo 947.º, n.º 2 do Código Civil: "A doação de coisas móveis não depende de formalidade alguma externa, quando acompanhada de tradição da coisa doada; não sendo acompanhada de tradição da coisa, só pode ser feita por escrito".
– artigo 1143.º do Código Civil: "O contrato de mútuo de valor superior a 20 000 euros só é válido se for celebrado por escritura pública e o de valor superior a 2 000 euros se o for por documento assinado pelo mutuário."
– artigo 1239.º, do Código Civil: "Sem prejuízo da aplicação das regras especiais de forma quanto à alienação da coisa ou do direito, a renda vitalícia deve ser constituída por documento escrito, sendo necessária escritura pública se a coisa ou o direito alienado for de valor igual ou superior a 20 000 euros."
– artigo 1250.º, do Código Civil: "A transacção preventiva ou extrajudicial constará de escritura pública quando dela possa derivar algum efeito para o qual a escritura seja exigida, e constará de documento escrito nos casos restantes."
(Documento autêntico):
– artigo 875.º do Código Civil: "O contrato de compra e venda de bens imóveis só é válido se for celebrado por escritura pública".
– artigo 947.º n.º 1 do Código Civil: "A doação de coisas imóveis só é válida se for celebrada por escritura pública".
– artigo 1143.º, do Código Civil: "O contrato de mútuo de valor superior a 20 000 euros só é válido se for celebrado por escritura pública e o de valor superior a 2 000 euros se o for por documento assinado pelo mutuário".
– artigo 2204.º: "As formas comuns do testamento são o testamento público e o testamento cerrado"; e segs., do Código Civil.
– artigo 80.º do Código do Notariado (Exigência de escritura): "1 – Celebram-se, em geral, por escritura pública, os actos que importem reconheci-

mento, constituição, aquisição, modificação, divisão ou extinção dos direitos de propriedade, usufruto, uso e habitação, superfície ou servidão sobre coisas imóveis.

2 – Devem especialmente celebrar-se por escritura pública:

a) As justificações notariais;

b) Os actos que importem revogação, rectificação ou alteração de negócios que, por força da lei ou por vontade das partes, tenham sido celebrados por escritura pública, sem prejuízo do disposto nos artigos 221.º e 222.º do Código Civil;

c) Os actos de constituição, alteração e distrate de consignação de rendimentos e de fixação ou alteração de prestações mensais de alimentos, quando onerem coisas imóveis;

d) As habilitações de herdeiros e os actos de alienação, repúdio e renúncia de herança ou legado, de que façam parte coisas imóveis;

e) Os actos de constituição, dissolução e liquidação de sociedades comerciais, sociedades civis sob a forma comercial e sociedades civis das quais façam parte bens imóveis, bem como os actos de alteração dos respectivos contratos sociais;

f) Os actos de constituição de sociedades anónimas europeias com sede em Portugal e os de alteração dos estatutos das mesmas sociedades, nos casos em que da alteração decorra a transferência da sua sede para Portugal;

g) Os actos de constituição de associações e de fundações, bem como os respectivos estatutos e suas alterações;

h) Os actos de constituição, de modificação e de distrate de hipotecas, a cessão destas ou do grau de prioridade do seu registo e a cessão ou penhor de créditos hipotecários;

i) A divisão e a cessão de participações sociais em sociedades por quotas, bem como noutras sociedades titulares de direitos reais sobre coisas imóvcis, com excepção das anónimas;

j) O contrato-promessa de alienação ou oneração de coisas imóveis ou móveis sujeitas a registo e o pacto de preferência respeitante a bens da mesma espécie, quando as partes lhes queiram atribuir eficácia real;

l) As divisões de coisa comum e as partilhas de patrimónios hereditários, societários ou outros patrimónios comuns de que façam parte coisas imóveis.

Redacção dada pelo Decreto-Lei n.º 2/2005, de 4 de Janeiro

– **Documento escrito** [11]

– **Reconhecimento presencial das assinaturas**

– **Certificação, pelo notário, da existência da licença respectiva de utilização ou de construção**

O contrato-promessa consiste na convenção pela qual alguém se obriga a celebrar um certo contrato.

A obrigação, assim gerada, tem por objecto uma prestação de facto positivo, um «*facere*».

Na promessa bilateral de compra e venda, a obrigação a que os pactuantes se obrigam é a de outorgarem, respectivamente, como comprador e como vendedor, num futuro contrato de compra e venda (contrato-prometido ou contrato definitivo).

O contrato-promessa bilateral de compra e venda de fracção autónoma de prédio urbano, de que nos ocuparemos ao longo deste guia prático, deve ser escrito, conter o reconhecimento presencial das assinaturas e a certificação, pelo notário, da existência da licença

---

[11] Por regra, para a validade e eficácia dos contratos, basta a consensualidade dos contraentes.

"Certos negócios, porém, para serem válidos, deverão observar determinada forma exigida pela lei", como estatui o artigo 219.º do Código Civil.

Assim, há casos em que a lei exige documento escrito assinado pelos contraentes.

Outras vezes, o contrato só é válido se for celebrado por escritura pública.

Por exemplo, a compra e venda de imóveis, deverá ser celebrada por escritura pública, como dispõe o artigo 875.º do Código Civil: "O contrato de compra e venda de bens imóveis só é válido se for celebrado por escritura pública".

E, nos termos do artigo 220.º do Código Civil (Inobservância da forma legal): "A declaração negocial que careça da forma legalmente prescrita é nula, quando outra não seja a sanção especialmente prevista na lei".

Os artigos 222.º e 223.º do Código Civil prevêm que os declarantes possam adoptar formas voluntárias (convencionais) para o negócio. Isto não significa que os particulares possam afastar por acordo as normas legais que exigem determinado formalismo negocial.

respectiva de utilização ou de construção (artigo 410.º n.ᵒˢ 2 e 3, do Código Civil, transcrito em nota) [12].

A falta de forma prescrita pela lei é sancionada com a nulidade do negócio (artigo 220.º, do Código Civil).

As outras formalidades são para protecção do promitente-comprador a cuja omissão corresponde uma *invalidade* de características e contornos que têm sido debatidos na doutrina [13] e que, também na jurisprudência, não obtém unanimidade.

---

[12] A exigência de forma escrita decorre do n.º 2 do art. 410.º, conjugado com o artigo 875.º, ambos do Código Civil.

Nos termos daquele artigo 410.º: "1. À convenção pela qual alguém se obriga a celebrar certo contrato são aplicáveis as disposições legais relativas ao contrato prometido, exceptuadas as relativas à forma e as que, por sua razão de ser, não se devam considerar extensivas ao contrato-promessa.

2. Porém, a promessa respeitante à celebração de contrato para o qual a lei exija documento, quer autêntico, quer particular, só vale se constar de documento assinado pela parte que se vincula ou por ambas, consoante o contrato-promessa seja unilateral ou bilateral.

3. No caso de promessa relativa à celebração de contrato oneroso de transmissão ou constituição de direito real sobre edifício, ou fracção autónoma dele, já construído, em construção ou a construir, o documento referido no número anterior deve conter o reconhecimento presencial da assinatura do promitente ou promitentes e a certificação, pelo notário, da existência da licença respectiva de utilização ou de construção; contudo, o contraente que promete transmitir ou constituir o direito só pode invocar a omissão destes requisitos quando a mesma tenha sido culposamente causada pela outra parte." (Redacção do Dec.-Lei 379/86, de 11-11).

Ora, na promessa de compra e venda de fracção autónoma de prédio urbano, o contrato prometido é um contrato de compra e venda de imóvel, que deverá ser celebrado por escritura pública, como dispõe o artigo 875.º do Código Civil, pelo que a promessa não é válida se não constar de documento assinado.

[13] Para J. CARLOS PROENÇA, *Do Incumprimento Do Contrato Promessa Bilateral*, 2.ª edição, p. 32 a 35, são formalidades substanciais para cuja falta a lei comina a nulidade, de conhecimento oficioso pelo tribunal, podendo ser invocada pelo promitente legitimado. Considerando como razão essencial deste formalismo acautelar a ponderação dos contraentes diz que esta terá de ser protegida pela declaração oficiosa da nulidade ou mesmo pela sua invocação pelo culpado, em conjugação com o disposto no artigo 227.º, do Código Civil.

Em nota de rodapé, mesmo assim, refere que "É duvidoso, no entanto, que

Grosso modo, debatem-se, por um lado, a tese da nulidade, de conhecimento oficioso pelo tribunal e invocável por terceiros; por outro lado, a tese da nulidade atípica, por via de regra só invocável pelo promitente-comprador e não por qualquer interessado e, ainda, passível de sanação ou convalidação.

De realçar que o artigo 410.º n.º 3, *in fine*, só permite que seja invocada a omissão daqueles requisitos quando a mesma tenha sido culposamente causada pela outra parte [14].

Agora, tomemos como exemplo o seguinte formulário:

CONTRATO-PROMESSA DE COMPRA E VENDA

PRIMEIROS OUTORGANTES: _____,
B.I. n.º 1234567, de 03.02.94, do arquivo de identificação de LISBOA, contribuinte n.º 123456789, e _____,

---

a nulidade atípica prevista no artigo 410.º, 3 para os casos de presuntiva culpa do promitente-vendedor, permita o conhecimento oficioso pelo tribunal ou a invocação por qualquer terceiro interessado (p.ex., um preferente) pois essa indagação pode ir contra o desejo do promitente-comprador de manter o negócio e requerer mais tarde a execução específica"

De modo mais concludente, CALVÃO DA SILVA, *Sinal E Contrato-Promessa*, 3.ª edição, p. 53 e segs., rejeitando a tese da nulidade invocável por terceiros e de conhecimento oficioso, depois de perguntar em que consiste, afinal, juridicamente, a omissão dos requisitos de que fala a lei e de questionar se a invalidade resultante dessa omissão revestirá a figura de nulidade ou de anulabilidade ou outra que se adapte ao fim da norma, argumentando com a *ratio legis* e com os interesses da ordem pública, defende a qualificação de nulidade atípica que "não deve ser invocável por terceiros nem oficiosamente conhecida pelo tribunal, pois não estão em causa interesses gerais da sociedade e do comércio jurídico, mas tão-só interesses do promitente-comprador" e que deve "ser passível de sanação ou convalidação".

[14] Parece ser frequente a declaração, feita no contrato-promessa, segundo a qual os promitentes, por mútuo acordo, dispensam ou prescindem do reconhecimento presencial das assinaturas e/ou da certificação notarial da existência de licença, reconhecendo que essa falta não é da culpa de nenhum deles, com renúncia ao direito de a invocar.

B.I. n.º 7654320, de 05.06.95, do arquivo de identificação de LISBOA, contribuinte n.º 987654321, casados sob o regime da comunhão de adquiridos, residentes na Rua _____.
SEGUNDOS OUTORGANTES: _____,
B.I. n.º 00112233, de 04.03.1993, do Arq.º de Porto, contribuinte n.º 000000000, e _____,
B.I. n.º 6677889, de 04.03.1993, do Arq.º de Porto, contribuinte n.º 111111111, casados sob o regime da comunhão geral de bens, residentes na Rua _____.
Entre os Primeiros Outorgantes, na qualidade de PROMITENTES VENDEDORES e os Segundos Outorgantes, na qualidade de PROMITENTES COMPRADORES, é celebrado o presente Contrato Promessa de Compra e Venda, que se regerá pelas seguintes CLÁUSULAS: _____
_____.

CLÁUSULA PRIMEIRA

Os Primeiros Outorgantes são donos e legítimos proprietários de uma habitação, do tipo 4, fracção autónoma designada pelas letras **"OB"**, situada ao nível do segundo andar, direito, com entrada pelo número 30 e dois aparcamentos sitos na cave, fracções autónomas designadas pelas letras **"BU"** e **"BV"**, do prédio urbano em regime de propriedade horizontal, sito na Rua _____, freguesia de _____, concelho de _____, inscritas na matriz predial urbana, respectivamente, sob os artigos, _____ e descritas na Conservatória do Registo Predial de _____, sob o número, de _____, com as licenças de habitabilidade números _____, quanto à habitação, e _____, quanto aos lugares de garagem, emitidas em 20 de Junho de 1997, pela Câmara Municipal de _____. _____.

CLÁUSULA SEGUNDA

Pelo presente contrato-promessa de compra e venda, os Primeiros Outorgantes prometem vender e os Segundos Outorgantes prometem comprar, as três fracções **"OB"**, **"BU"** e **"BV"**, designadas na cláusula primeira, livres de ónus, encargos e hipoteca, pelo preço de € _____ (Quantia por extenso). _____.

CLÁUSULA TERCEIRA

A título de sinal e princípio de pagamento, os Segundos Outorgantes entregam aos Primeiros, nesta data, a quantia de € _____ (Quantia por extenso). _____.

CLÁUSULA QUARTA

Como reforço do sinal, os segundos outorgantes pagarão até ao dia _____, a quantia de € _____ (Quantia por extenso). _____.

CLÁUSULA QUINTA

A parte restante do ajustado preço será paga no acto da escritura pública de compra e venda prometida, prevendo-se que a outorga da mesma ocorra até finais do mês de _____, devendo para o efeito os Primeiros Outorgantes comunicar aos Segundos, por carta registada com aviso de recepção, com antecedência de, pelo menos oito dias, o dia, hora e local para a celebração da mesma. _____

CLÁUSULA SEXTA

A escritura definitiva de compra e venda será outorgada pelos Segundos Outorgantes ou por quem estes indicarem. _____

CLÁUSULA SÉTIMA

As fracções aqui prometidas vender serão entregues no acto da escritura definitiva de compra e venda, devolutas de pessoas e coisas. _____

CLÁUSULA OITAVA

Todas as despesas relativas à escritura, registos e pagamento de sisa, se houver lugar a ela, são a cargo dos Segundos Outorgantes. _____

CLÁUSULA NONA

Os Outorgantes submetem o presente contrato promessa de compra e venda a execução específica, nos termos do artigo 830.º do Código

Civil, independentemente de se atribuir carácter de sinal às quantias entregues. _____

CLÁUSULA DÉCIMA

Os Outorgantes prescindem de mútuo acordo do cumprimento das formalidades previstas no n.º 3 do artigo 410.º do Código Civil, ou seja, de reconhecimento presencial das assinaturas. _____
Deste modo reconhecem que a omissão destes requisitos não é causada por culpa de qualquer dos Outorgantes e renunciam expressamente à invocação dessa omissão. _____

CLÁUSULA DÉCIMA PRIMEIRA

Nada mais havendo a declarar, vão os Outorgantes assinar o presente contrato, que foi feito em duplicado, destinando-se um exemplar a cada uma das partes. _____
_____, ____ de _____ de _____. _____

OS PRIMEIROS OUTORGANTES:

OS SEGUNDOS OUTORGANTES:

    As partes contratantes devem estar identificadas no contrato como promitentes ou como seus representantes.
    Devem declarar expressamente a promessa de vender e de comprar o OBJECTO o qual, também, deve ser suficientemente identificado, determinado ou determinável.
    Mais adiante, abordaremos questões relacionadas com os requisitos legais do OBJECTO negocial.
    O preço a pagar, nos termos da escritura prometida, ou um critério para a sua determinação, é outro dos elementos que devem constar do contrato-promessa.
    Normalmente, o promitente-comprador, na assinatura do contrato-promessa, entrega uma quantia ao promitente-vendedor, que denomina ou não expressamente como sinal e/ou como antecipação de pagamento do ajustado preço.

A lei presume que as quantias entregues pelo promitente comprador ao promitente vendedor têm carácter de sinal.[15]

Podem as partes, afastar expressamente essa presunção e atribuir um efeito diferente à(s) entrega(s) de dinheiro.

A lei estabelece um regime para o sinal, mas este regime pode não interessar às partes, as quais, de acordo com o princípio da autonomia da vontade, poderão optar por outra solução.

Nos casos em que as partes apenas convencionaram sinal, se houver incumprimento do contrato (se não se optar pela execução específica ou esta for inviável) a indemnização corresponderá à perda ou sua restituição em dobro.

Mas as partes podem convencionar um regime indemnizatório diferente.

Por outro lado, pode haver promessas sem sinal.

Nestas hipóteses, o cômputo e o ressarcimento dos danos derivados de incumprimento deverá ser feito segundo as regras gerais.

E pode ocorrer que, pelo contrato-promessa, o(s) promitente(s) comprador(es) pague(m) a totalidade do preço e seja(m) investido(s) na posse da coisa, (antecipando os efeitos da escritura pública que prometem celebrar).

Nesta hipótese, diz-se que há *"TRADITIO REI"*, ou tradição da coisa para o promitente comprador[16].

---

[15] Artigo 441.º
(Contrato-promessa de compra e venda)
No contrato-promessa de compra e venda presume-se que tem carácter de sinal toda a quantia entregue pelo promitente-comprador ao promitente-vendedor, ainda que a título de antecipação ou princípio de pagamento do preço.

[16] Nestes casos, se for devido, nos termos do respectivo Código, deve ser liquidado o Imposto Municipal sobre as Transmissões Onerosas de Imóveis, como prescreve o artigo 2.º daquele Código:
«1 – O IMT incide sobre as transmissões, a título oneroso, do direito de propriedade ou de figuras parcelares desse direito, sobre bens imóveis situados no território nacional.
2 – Para efeitos do n.º 1, integram, ainda, o conceito de transmissão de bens imóveis:

É frequente a menção expressa no contrato-promessa (de compra e venda de fracção autónoma de prédio urbano, de que aqui se trata) de uma cláusula de execução específica.

---

a) As promessas de aquisição e de alienação, logo que verificada a tradição para o promitente adquirente, ou quando este esteja usufruindo os bens, excepto se se tratar de aquisição de habitação para residência própria e permanente do adquirente ou do seu agregado familiar e não ocorra qualquer das situações previstas no n.º 3;

b) O arrendamento com a cláusula de que os bens arrendados se tornam propriedade do arrendatário depois de satisfeitas todas as rendas acordadas;

c) Os arrendamentos ou subarrendamentos a longo prazo, considerando-se como tais os que devam durar mais de 30 anos, quer a duração seja estabelecida no início do contrato, quer resulte de prorrogação, durante a sua vigência, por acordo expresso dos interessados, e ainda que seja diferente o senhorio, a renda ou outras cláusulas contratuais;

d) A aquisição de partes sociais ou de quotas nas sociedades em nome colectivo, em comandita simples ou por quotas, quando tais sociedades possuam bens imóveis, e quando por aquela aquisição, por amortização ou quaisquer outros factos, algum dos sócios fique a dispor de, pelo menos, 75% do capital social, ou o número de sócios se reduza a dois, sendo marido e mulher, casados no regime de comunhão de bens ou de adquiridos.

3 – Considera-se que há também lugar a transmissão onerosa para efeitos do n.º 1 na outorga dos seguintes actos ou contratos:

a) Celebração de contrato-promessa de aquisição e alienação de bens imóveis em que seja clausulado no contrato ou posteriormente que o promitente adquirente pode ceder a sua posição contratual a terceiro;

b) Cessão da posição contratual no exercício do direito conferido por contrato-promessa referido na alínea anterior;

c) Outorga de procuração que confira poderes de alienação de bem imóvel ou de partes sociais a que se refere a alínea d) do n.º 2 em que, por renúncia ao direito de revogação ou cláusula de natureza semelhante, o representado deixe de poder revogar a procuração;

d) Outorga de instrumento com substabelecimento de procuração com os poderes e efeitos previstos na alínea anterior;

e) Cedência de posição contratual ou ajuste de revenda, por parte do promitente adquirente num contrato-promessa de aquisição e alienação, vindo o contrato definitivo a ser celebrado entre o primitivo promitente alienante e o terceiro.

4 – O disposto na alínea e) do número anterior não é aplicável sempre que o contrato definitivo seja celebrado com terceiro nomeado ou com sociedade em

Mas, uma vez que a lei, para os contratos-promessa de compra e venda de fracção autónoma de prédio urbano (e, bem assim, no caso de promessa relativa à celebração de contrato oneroso de transmissão ou constituição de direito real sobre edifício, ou fracção autónoma dele, já construído, em construção ou a construir – n.º 3 do artigo 410.º, do Código Civil), não permite que se afaste a faculdade da execução específica, não é necessária aquela referência expressa no contrato.

---

fase de constituição no momento em que o contrato-promessa é celebrado e que venha a adquirir o imóvel, desde que o promitente adquirente seja titular do seu capital social.

5 – Em virtude do disposto no n.º 1, são também sujeitas ao IMT, designadamente:

a) A resolução, invalidade ou extinção, por mútuo consenso, do contrato de compra e venda ou troca de bens imóveis e as do respectivo contrato-promessa, quando, neste último caso, ocorrerem depois de passados 10 anos sobre a tradição ou posse;

b) As permutas, pela diferença declarada de valores ou pela diferença entre os valores patrimoniais tributários, consoante a que for maior;

c) O excesso da quota-parte que ao adquirente pertencer, nos bens imóveis, em acto de divisão ou partilhas, bem como a alienação da herança ou quinhão hereditário;

d) A venda ou cessão do direito a determinadas águas, ainda que sob a forma de autorização para as explorar ou para minar em terreno alheio;

e) As entradas dos sócios com bens imóveis para a realização do capital das sociedades comerciais ou civis sob a forma comercial ou das sociedades civis a que tenha sido legalmente reconhecida personalidade jurídica e, bem assim, a adjudicação dos bens imóveis aos sócios, na liquidação dessas sociedades;

f) As entradas dos sócios com bens imóveis para a realização do capital das restantes sociedades civis, na parte em que os outros sócios adquirirem comunhão, ou qualquer outro direito, nesses imóveis, bem como, nos mesmos termos, as cessões de partes sociais ou de quotas ou a admissão de novos sócios;

g) As transmissões de bens imóveis por fusão ou cisão das sociedades referidas na antecedente alínea e), ou por fusão de tais sociedades entre si ou com sociedade civil;

h) As transmissões de benfeitorias e as aquisições de bens imóveis por acessão.»

As partes também podem incluir no contrato, por exemplo, uma cláusula revogatória, ou de caducidade, ou de exclusão da indemnização pelo valor, prevista no n.º 3 do artigo 442.º, do Código Civil quando tenha havido tradição da coisa.

E podem convencionar, por exemplo, que a tradição da coisa se faz em termos e por efeito de um *comodato* e não nos termos e para efeitos do contrato-promessa.

Outro aspecto da maior relevância é o prazo ou os prazos de cumprimento, seja do contrato definitivo, seja de obrigações *intercalares*.

O contrato-promessa pode ser celebrado sem um prazo, com prazo incerto, relativamente fixo, estar sujeito a condição resolutiva, ou apenas a condição suspensiva, por exemplo, quando o prédio ou a fracção estiver concluída ou, de outra forma, estar pré-ordenado a um termo fixo, essencial, objectivamente essencial ou subjectivamente essencial, a favor de uma ou de ambas as partes.

Quando o vencimento da obrigação dependa da verificação de um termo que não está previsto e as partes não cheguem a acordo sobre a determinação do mesmo, haverá que recorrer ao tribunal para ultrapassar o impasse através da fixação judicial de prazo.

Efectivamente, o momento do vencimento da obrigação é fundamental para ambos os promitentes.

Uma situação de incumprimento pode ter sanções e consequências, mais ou menos indesejáveis.

É certo que a impossibilidade de cumprimento pode ser não culposa e inserir-se ou não na esfera de risco da promessa, mesmo assim, aos promitentes importa sobremaneira não se vincularem a obrigações, de tempo, de modo ou de lugar e de preço, que não estejam ou possam vir a não estar em condições de cumprir.

Nunca é de mais realçar que, na preparação e na concretização do contrato-promessa, nomeadamente através das assinaturas, é essencial que nenhum dos promitentes "force" ou "induza" o(s) outro(s) a erradamente se obrigar(em) a prestações de que, mais ou menos iludidamente, mais ou menos enganado(s), não avalia(m) as dificuldades, os riscos desmesurados, ou as desvantagens.

O princípio da boa fé negocial [17] impõe que a conduta das partes e respectivas propostas contratuais sejam claras, lícitas e susceptíveis de serem entendidas e aceites com um sentido e um conteúdo inequívocos.

Quando, em vez de um clausulado estabelecido por acordo e por livre negociação das partes, ao promitente comprador é apenas proposto que subscreva um contrato previamente elaborado pelo promitente vendedor, em tais termos e moldes que o promitente comprador nenhuma intervenção tem na sua formulação, estar-se-á perante um contrato de adesão [18].

A subscrição deste tipo de contratos deverá ser feita com cuidados especiais de leitura e informação acerca do respectivo conteúdo.

A não observância do dever (a cargo da parte que elaborou o clausulado) de ler, informar e esclarecer o aderente acerca do conteúdo do contrato, poderá ter como consequência a invalidade do mesmo.

Outros aspectos a não descurar, na fixação do clausulado do contrato, têm a ver com os procedimentos para a realização da escritura, sua marcação e informação oportuna da respectiva data, o que deverá ficar expressamente a cargo de alguém, eventualmente a cargo de algum dos promitentes.

1.1.1. *Escritura Pública (Eficácia Real)* [19]

Na promessa de compra e venda de fracção autónoma de prédio urbano, o contrato prometido é um contrato de compra e venda

---

[17] Artigo 227.º, do Código Civil (Culpa na formação dos contratos): "1. Quem negoceia com outrem para conclusão de um contrato deve, tanto nos preliminares como na formação dele, proceder segundo as regras da boa fé, sob pena de responder pelos danos que culposamente causar à outra parte.
2. A responsabilidade prescreve nos termos do artigo 498.º."

[18] O Decreto-Lei n.º 446/85, na redacção dada pelo Decreto-Lei n.º 220/95, é o diploma através do qual se instituiu, em Portugal, o regime a que estão sujeitas as cláusulas contratuais gerais.

[19] Artigo 413.º , do Código Civil (Eficácia real da promessa): "1. À promessa de transmissão ou constituição de direitos reais sobre bens imóveis, ou

de imóvel, que deverá ser celebrado por escritura pública, como dispõe o artigo 875.º do Código Civil.

Nos termos do artigo 413.º do Código Civil as partes podem atribuir eficácia real à promessa mediante declaração expressa e inscrição no registo.

Neste caso, porém, o contrato-promessa deverá ser feito por escritura pública [20].

---

móveis sujeitos a registo, podem as partes atribuir eficácia real, mediante declaração expressa e inscrição no registo.

2. Deve constar de escritura pública a promessa a que as partes atribuam eficácia real; porém, quando a lei não exija essa forma para o contrato prometido, é bastante documento particular com reconhecimento da assinatura da parte que se vincula ou de ambas, consoante se trate de contrato-promessa unilateral ou bilateral." (Redacção do Dec.-Lei 379/86, de 11-11).

ANTUNES VARELA (Sobre O Contrato-Promessa, 2.ª ed. pág. 61 e 62) diz o seguinte: "... Nem toda a gente sabe em que consiste rigorosamente a eficácia real da promessa, ideia que ainda hoje não faz parte do património cultural comum dos leigos sobre a área do direito, podendo mesmo acontecer que uma das partes tenha algumas luzes sobre a matéria e a outra não faça a mínima ideia do que seja a eficácia real da promessa que subscreve."

"Entre os próprios autores, peritos na matéria, se registam ainda hoje notórias divergências sobre o preciso alcance da cláusula."

"Uns vêem na eficácia real da promessa a fonte de um direito real de aquisição, enquanto outros a consideram como simples fonte de oponibilidade do direito de crédito do promissário a outros direitos com ele incompatíveis, de data posterior à sua inscrição no registo. Alguns afirmam que a cláusula de eficácia real gera a invalidade ou ineficácia dos actos celebrados com violação dela, enquanto outros sustentam que a cláusula, por si mesma, não goza de semelhante poder, só a retoactividade que ela imprime à eventual execução da promessa podendo prejudicar a eficácia dos tais actos jurídicos posteriores ao registo, incompatíveis com a promessa."

"Estas duas circunstâncias bastariam, por si sós, para aconselhar vivamente a intervenção obrigatória do notário (o prático do direito mais vocacionado para dialogar com as partes na redacção dos escritos negociais) em todas as promessas de alienação ou de oneração, quer de imóveis, quer de móveis, a que as partes pretendessem atribuir eficácia real."

[20] Artigo 80.º do Código do Notariado (Exigência de escritura): "1 – Celebram-se, em geral, por escritura pública, os actos que importem reconhe-

Tendo a promessa eficácia real, o direito do promitente comprador é oponível ao terceiro adquirente cujo direito se não ache registado antes do registo do contrato-promessa.

A execução específica da promessa pode ser requerida e obtida, contra o promitente-vendedor e o terceiro adquirente, sendo a venda a este tratada como venda de bens alheios.

Na acção de execução específica poder-se-á cumular o pedido de declaração de nulidade daquela venda e a consequente entrega da coisa.

1.1.2. Sumários de Jurisprudência

1 – AC. STJ DE 15.10.98 – IN COL. JUR., 1998 – TOMO III, P. 63

> I – *No caso de nulidade, por falta de forma, de um contrato, servirá de fundamento ao pedido de restituição da quantia entregue, não o enriquecimento sem causa, mas sim o preceito do art. 289.º, do Cód. Civil.*
>
> II – *Declarado nulo, por falta de forma, um contrato-promessa, e ordenada a restituição do recebido, sobre a quantia a restituir por uma das partes devem incidir juros, mas somente a partir da data de citação da mesma para a acção.*

2 – AC. STJ DE 12.11.98 – IN COL. JUR., 98 – TOMO III, P. 110

Por abuso de direito, traduzindo manifesta violação do princípio da boa fé (art. 334.º do Cód. Civil), não pode o promitente-

---

cimento, constituição, aquisição, modificação, divisão ou extinção dos direitos de propriedade, usufruto, uso e habitação, superfície ou servidão sobre coisas imóveis.

2 – Devem especialmente celebrar-se por escritura pública: (...) j) O contrato-promessa de alienação ou oneração de coisas imóveis ou móveis sujeitas a registo e o pacto de preferência respeitante a bens da mesma espécie, quando as partes lhes queiram atribuir eficácia real;"

-comprador invocar a invalidade formal do contrato-promessa de compra e venda de fracções autónomas, por não reconhecimento das assinaturas dos outorgantes e falta de certificação notarial da licença de obras (art. 410.°, n.° 3 Cód. Civil), no caso de ter sido ele a pedir ao promitente-vendedor que dispensasse tais formalidades, argumentando que entre pessoas de bem e conhecidas elas não se justificavam, sendo que, nesse enquadramento de confiança, o contrato foi-se realizando, com os reforços do sinal, por parte do promitente-comprador, e com a realização da obra que tais entregas pressupunham, por parte do promitente-vendedor.

3 – AC. STJ – IN COL. JUR., 1999 – TOMO I, P. 51

I – *É legalmente possível alterar simultaneamente o pedido e a causa de pedir na réplica, impondo-se apenas como limite que tal não importe a alteração da relação material litigada.*

II – *Tendo a autora começado por basear a acção em incumprimento do contrato-promessa por parte dos réus e pedindo, em consequência, a condenação dos mesmos a restituírem-lhe o montante do sinal que lhes havia entregue, em dobro, é válida a alteração que fez na réplica passando aí a exigir tão-só a restituição do sinal em singelo, com base na nulidade do aludido contrato aduzida pelos réus na sua contestação e aceite por aquela.*

III – *Tendo uma das rés – na qualidade de promitente-vendedora de um imóvel – declarado, na altura da celebração de tal contrato, que assinava por si e como procuradora da outra ré, sua mãe, sem que tivesse consigo qualquer procuração para a representar – a qual só veio a ratificar tal contrato posteriormente à fase dos articulados – tudo se deverá passar como se o referido contrato fosse nulo "in totum", por venda de coisa alheia.*

IV – *Na verdade "in casu" tal nulidade não resulta por desrespeito da forma legal (art. 220.°, do Cód. Civil), e com as consequências previstas no art. 289.°, do Cód. Civil, mas sim por aplicação analógica do disposto nos arts. 892.° e ss., do Cód. Civil (venda de coisa alheia), pelo que, a essa luz, tem a autora – promitente-compradora – direito à restituição integral do preço que havia pago.*

4 – AC. REL. PORTO, DE 26/11/98 – IN COL. JUR.,98 – TOMO V, P. 203

I – *Se a licença de utilização é recusada por o prédio ter um piso intermédio não autorizado e apresentar deficiente ventilação, o contrato-promessa de compra e venda desse prédio não pode ser cumprido, por a lei não permitir a celebração da escritura respectiva.*

II – *Em tal caso, a impossibilidade de cumprimento é legal, originária e objectiva.*

III – *Consequentemente, tal contrato-promessa é inválido e são nulas as respectivas declarações de prometer comprar e vender, por ter por objecto um negócio legalmente impossível.*

IV – *Conhecida pelo tribunal, mesmo oficiosamente, a nulidade do contrato-promessa, deverá ele ordenar a restituição do recebido, desde que tenha fixados elementos para isso.*

5 – AC. REL. LISBOA, DE 04/05/99 – IN COL. JUR., 99 – TOMO III, P. 82

I – *A cessão da posição do promitente-comprador em contrato-promessa de compra e venda de prédio urbano está sujeita às formalidades previstas nos n.ºs 2 e 3 do art. 410.°, do Cód. Civil.*

II – *A sanção para a inobservância destas formalidades não é a nulidade atípica da parte final do n.° 3, do art. 410.°, do Cód. Civil, mas sim a nulidade típica do art. 220.°, do Cód. Civil.*

6 – AC. REL. LISBOA, DE 13/05/99 – IN COL. JUR., 99 – TOMO III, P. 95

   I – *Existe contrato-promessa unilateral, com preço de imobilização ou preço de promessa, quando, mediante acordo, alguém reserva uma garagem e um andar para que outrém possa decidir se, quanto a eles, virá a celebrar contrato-promessa de compra e venda.*
   II – *Não basta à forma escrita exigida por lei para tal contrato, a existência de recibos provisórios de recebimento de determinada importância pela dita reserva.*

7 – AC. REL. LISBOA, DE 20/05/99 – IN COL. JUR., 99 – TOMO III, P. 104

   I – *A proibição de* venire contra factum proprium *está contida no segmento do art. 334.º, do Cód. Civil que alude aos limites impostos pela boa fé.*
   II – *Consiste em alguém exercer um direito depois de criar a aparência à contra-parte de que não o faria, causando-lhe essa legítima convicção.*
   III – *Há assim, que obstaculizar a invalidade de um contrato-promessa, por falta de formalidades exigidas no n.º 3 do art. 410.º, do Cód. Civil, arguida pelo promitente-comprador, quando este, culposa e concorrencialmente com os promitentes-vendedores, contribuiu para essa omissão e, com o seu comportamento posterior, lhes fez criar a legítima expectativa de que não se serviria do privilégio que a lei lhe confere de proceder a tal arguição, sem quaisquer limitações.*
   IV – *Apresentada uma extensa alegação com 50 massivas conclusões e convidado a apresentar novas conclusões sintéticas e claras, tendo depois apresentado 31 conclusões, agora mais complexas e obscuras, há que não conhecer do recurso, nos termos do n.º 4 do art. 690.º, do Cód. Proc. Civil.*

8 – AC. REL. LISBOA, DE 88/12/20 (CJ, ANO XIII, TOMO 5, 130)

I – *A formalidade do reconhecimento presencial das assinaturas dos promitentes vendedor e comprador no contrato-promessa é produzida no interesse deste último.*

II – *Daí que a sua omissão não possa ser invocada por terceiro interessado, nomeadamente por credor hipotecário, cujo crédito tenha por objecto a fracção prometida vender.*

9 – AC. REL. LISBOA, DE 88/10/18 (CJ, ANO XIII, TOMO 4, 127)

I – *É válido o contrato-promessa de compra e venda de coisa alheia.*

II – *O contrato-promessa assinado só pelo promitente-vendedor é válido em relação a este, como contrato unilateral, desde que este manifeste intenção de se obrigar.*

III – *O sinal pode ser constituído por coisa que não seja dinheiro, como um veículo. Só que, nesta hipótese, atenta a sua desvalorização, natural é que as partes tenham tido em vista o valor do mesmo.*

IV – *Facultada pelo promitente-vendedor a habitação aos promitentes-compradores, deve aquele indemnizar estes pelo facto de terem que deixar de habitar o objecto prometido vender.*

10 – AC. REL. LISBOA, DE 88/01/14 (CJ, ANO XIII, TOMO 1, 114)

I – *Exigindo a lei a outorga de documento escrito, assinado pelas duas partes, para a celebração de um contrato-promessa de compra e venda e tendo-se feito consignar neste a data até à qual a escritura tinha de ser celebrada, só por documento escrito era possível proceder à alteração dessa data.*

II – *Fixando as partes a data até à qual a escritura deveria ser, impreterivelmente, outorgada, está-se perante um negócio fixo absoluto ou de termo essencial, caso em que* a não satisfação, no tempo oportuno da prestação a que o devedor (o promitente-comprador) se obrigou, caracteriza o inadimplemento propriamente dito.

III – *Verificado este incumprimento, tem-se o contrato-promessa por extinto, não tendo o credor que proceder à sua resolução extrajudicialmente ou pedi-la judicialmente.*

11 – AC. REL. LISBOA, DE 86/10/07 (CJ, ANO XI, TOMO 4, 141)

I – *A redacção dada aos arts. 410.º, 442.º e 830.º do Cód. Civil pelo Dec.-Lei n.º 236/80 é de âmbito geral, valendo para todos os contratos-promessa.*

II – *Em contratos-promessa de compra e venda de prédio o reconhecimento presencial das assinaturas dos outorgantes e a certificação da existência de licença de construção são formalidades "ad substantiam", cuja falta implica nulidade.*

12 – AC. REL. LISBOA, DE 86/06/24 (CJ, ANO XI, TOMO 3, 140)

I – *Havendo concordância entre a proposta e a sua aceitação, formou-se mútuo consenso, que é vinculativo.*

II – *As respectivas declarações e assinaturas podem ser inscritas em documentos distintos.*

13 – AC. REL. PORTO, DE 86/05/22 (CJ, ANO XI, TOMO 3, 203)

I – *No contrato-promessa, de natureza formal, a prescrição de formas tem por fim proteger os contraentes contra abusos ou atitudes precipitadas.*

II – *As estipulações posteriores contrárias ao que consta do documento, alterando as prestações do contrato-promessa, acham-se abrangidas pelas exigências de forma.*

III – *É assim, nula a alteração verbal de um contrato-promessa de venda de um andar no sentido de que o promitente-comprador, a troco de uma redução no preço da venda, aceitava a não construção antes acordada, de um quarto de arrumos no sótão.*

IV – *A venda do andar a um terceiro no decurso da acção só seria legítima, se pudesse atribuir-se ao promitente-comprador o incumprimento anterior da promessa.*

14 – AC. STJ, DE 86/01/30 (BMJ 353, 444)

I – *A simples troca de correspondência em que autor e ré acordam na celebração de um contrato de promessa de compra e venda de um prédio, não constitui título bastante para a formalização desse contrato que, por isso, é nulo por falta de forma.*
II – *Constitui violação do art. 25.º do Dec.-Lei n.º 183/70, de 28 de Abril, o que torna igualmente o contrato nulo, a obtenção da aprovação do Banco De Portugal para a transferência de divisas depositadas num banco estrangeiro, a título de sinal, depois de o futuro comprador já haver rompido as negociações, recusando-se a subscrever a promessa definitiva, por ela não corresponder àquilo que havia sido negociado anteriormente.*

15 – AC. REL. PORTO, DE 85/11/14, (BMJ, 351, 458)

I – *Nos contratos-promessa de compra e venda de prédios urbanos a falta de reconhecimento presencial das assinaturas dos outorgantes conduz à sua nulidade.*
II – *Se essa falta for imputável aos promitentes-compradores, os promitentes-vendedores podem pedir a declaração de nulidade do contrato mas não a sua validação.*

16 – AC. REL. PORTO, DE 85/11/12 (CJ, ANO X, TOMO 5, 170)

A falta de reconhecimento notarial por presença das assinaturas dos outorgantes, em infracção ao disposto no n.º 3 do art. 410.º do Cód. Civil, na redacção que lhe foi dada pelo Dec.-Lei n.º 236/80, de 18 de Julho, mesmo que inimputável ao promitente-vendedor, não o investe no direito de opor a validade do contrato ao promitente-comprador que pede a nulidade do mesmo com base nessa falta.

17 – AC. STJ, DE 85/02/07 (BMJ 344, 411)

I – *O contrato-promessa é bilateral ou unilateral consoante vincule ambos os contraentes ou só um deles à celebração do contrato definitivo.*
II – *Se ambos os contraentes se vincularam à celebração do contrato prometido, o contrato-promessa é bilateral, apesar de se encontrar assinado apenas pelo promitente-vendedor.*
III – *É nulo o contrato-promessa de compra e venda que esteja assinado apenas pelo promitente-vendedor (art. 410.°, n.° 2, do Cód. Civil), não podendo colocar-se o problema da eventual redução ou conversão numa promessa unilateral válida se não se alegaram os factos exigidos pelos arts. 292.° e 293.° do Cód. Civil.*
IV – *Embora o art. 227.°, n.° 1, do Cód. Civil seja aplicável quando a nulidade de um negócio por inobservância de forma é invocada pela parte que a provocou, o preceito apenas se pode observar desde que se tenham alegado factos que permitam concluir que foi esse contraente quem provocou culposamente o incumprimento da forma prescrita na lei.*
V – *Pode ser declarada oficiosamente pelo tribunal a nulidade proveniente da falta de assinatura do promitente-comprador em contrato-promessa bilateral, não lhe sendo aplicável o disposto no n.° 3 do art. 410.° do Cód. Civil.*

18 – AC. REL. COIMBRA, DE 85/01/08 (CJ, ANO X, TOMO 1, 53)

Só se pode dizer que determinado contrato-promessa de compra e venda de imóvel (quer se trate de promessa bilateral quer de promessa unilateral), terá sido reduzido a escrito se do respectivo documento constarem os nomes do comprador e do vendedor. Não constando, tal contrato é nulo.

19 – AC. STJ, DE 84/02/28 (BMJ 334, 484)

I – *É nulo por falta de forma o contrato-promessa de compra e venda de imóveis assinado apenas por um dos promitentes.*

II – *O contrato-promessa bilateral, nulo por falta de forma, não pode ser convertido ou reduzido a promessa unilateral de venda.*

20 – AC. REL. PORTO, DE 83/03/24 (CJ, ANO VIII, TOMO 2, 244)

Se o rogo não foi prestado na presença do notário, nem perante ele confirmado, o escrito que titula o contrato-promessa não tem valia como documento particular para os efeitos do art. 410.°, n.° 2, do Cód. Civil.

21 – AC. REL. COIMBRA, DE 82/03/16 (CJ, ANO VII, TOMO 2, 79)

Assinado o documento exigível do contrato-promessa, apenas pelo vendedor, há que distinguir duas hipóteses:
  – Se, segundo a intenção das partes, só aquele se obrigava à celebração do negócio prometido, vale como contrato-promessa unilateral de venda, bastando, para essa validade, aquela única assinatura;
  – Se, diversamente, a intenção das partes era no sentido de ambas se obrigarem à celebração do negócio prometido, não pode valer como promessa de compra porque lhe falta a assinatura do promitente-comprador, mas pode valer como promessa de venda, por redução do negócio, nos termos do art. 292.° do Cód. Civil, se os contraentes, segundo a vontade hipotética concluiriam a promessa unilateral de venda, se soubessem não ser válida a promessa de compra.

22 – AC. STJ, DE 82/03/11 (BMJ 315, 249)

I – *É nulo o contrato-promessa de compra e venda de um imóvel que não conste de documento assinado pelos promitentes.*

II – *A falta de forma legal não é imputável ao promitente--comprador quando, ao receber o sinal, o promitente--vendedor se tenha limitado a subscrever um documento comprovativo da respectiva entrega sem exigir a assinatura daquele.*

III – *Assim, nem o abuso de direito do promitente-comprador que faz valer a nulidade do negócio, nem a sua responsabilidade pré-contratual, podem ser invocados com fundamento em falta de forma a este imputável.*

23 – AC. REL. LISBOA, DE 81/12/18 (BMJ 318, 470)

Tendo o documento respectivo sido apenas assinado pelos promitentes-vendedores e não também pelo promitente-comprador, carece o contrato-promessa de forma legal, pelo que é nula a declaração negocial dele constante, nos termos do art. 220.° do Cód. Civil, com a consequente restituição ao promitente--comprador daquilo que prestou, nos termos dos arts. 286.° e 289.°, do dito diploma.

24 – AC. REL. PORTO, DE 80/11/20, (BMJ 301, 463)

Um contrato-promessa de compra e venda, nulo por carência de provas, não pode valer como promessa unilateral de venda ou de compra. É que a redução e conversão dos negócios jurídicos pressupõem que a nulidade deles só afecta uma parte do seu conteúdo. E no caso de nulidade por vício de forma o conteúdo do negócio é afectado na integra.

25 – AC. REL. COIMBRA, DE 88/05/30 (CJ, ANO XIV, TOMO 3, 80)

I – *Tendo o promitente-comprador adiantado ao promitente--vendedor a totalidade do preço, sem dúvida que o contrato-promessa é bilateral apesar de o escrito que o documenta só ter sido assinado pelo promitente-vendedor.*

II – *A falta de assinatura do documento por parte do promitente-comprador tem como efeito a nulidade parcial do contrato, na parte da promessa de compra, visto não ter sido respeitada a forma.*

III – *Apesar dessa nulidade é possível a redução ou conversão da promessa bilateral em promessa unilateral de venda.*

IV – *Mas para isso necessita o contraente interessado na conversão parcial do contrato de alegar e provar os factos capazes de infirmarem a presunção extraída do carácter bilateral ou sinalagmático.*

26 – AC. REL. PORTO, DE 89/06/08 (CJ, ANO XIV, TOMO 3, 214)

I – *O tempo de cumprimento do contrato-promessa constitui estipulação acessória e, como tal, não sujeita a qualquer requisito de forma.*

II – *Não é admissível prova testemunhal relativamente a tal estipulação acessória.*

III – *Sanada a nulidade da admissão da prova testemunhal, não podem ser consideradas as respostas aos quesitos baseadas nos depoimentos das testemunhas.*

IV – *Basta a simples mora para desencadear a sanção prevista no n.º 2 do art. 442.º do Cód. Civil.*

27 – AC. REL. PORTO, DE 89/02/21 (CJ, ANO XIV, TOMO 1, 196)

I – *É devida sisa quando, em consequência de contrato-promessa de compra e venda de imóvel não para habitação permanente do adquirente, tiver havido tradição da coisa, ou o promitente-adquirente a estiver a usufruir.*

II – *Em tal caso, o contrato-promessa não pode ser atendido em juízo enquanto não se provar o pagamento da sisa.*

III – *Mesmo não podendo o documento ser atendido em juízo, a sisa continua a ser devida, se provar contrato verbal e ocupação ou usufruição do imóvel.*

IV – *Mas, devendo aquele contrato-promessa constar de documento escrito assinado por ambos os promitentes, e não podendo tal documento ser atendido, resulta que o contrato verbal é nulo.*

V – *O tribunal pode declarar oficiosamente a nulidade, mas não pode dispor quanto aos efeitos do negócio nulo sem que isso lhe seja pedido.*

28 – AC. REL. ÉVORA, DE 81/12/17 (CJ, ANO VI, TOMO 5, 339)

I – *As cláusulas verbais acessórias de contrato escrito, não são passíveis de prova testemunhal, mas são passíveis de prova por confissão, desde que as razões determinantes de prova documental lhe não sejam aplicáveis.*

II – *As cláusulas posteriores à celebração de um contrato não estão sujeitas a determinada forma, desde que lhe não seja aplicável a razão da eventual exigência em contrário; mas tal pressupõe que tenha sido, oportunamente, articulado aquele aspecto temporal.*

III – *Concorre, culposamente, para a não realização de um contrato de compra e venda o promitente-vendedor que não apresenta os documentos relativos ao prédio a transmitir, designadamente títulos registral e matricial e, quando, seja caso disso, licença de construção ou de habitação.*

29 – AC. STJ, DE 86/04/29 (BMJ 356, 358)

I – *É válido o contrato-promessa de compra e venda, assinado só pelo promitente-vendedor se, paralelamente ao contrato, houver elementos mostrando que o promitente-comprador quis de facto obrigar-se, como seja a existência de correspondência na qual este mantém a vontade de comprar.*

II – *O art. 830.º do Cód. Civil, na redacção do Dec.-Lei n.º 236/80, de 18 de Julho é aplicável às hipóteses em que o incumprimento se tenha verificado após a entrada em vigor daquele, Dec.-Lei, em 18 de Julho de 1980.*

III – *Tendo sido clausulado que a escritura de compra e venda devia ser lavrada em 20 de Janeiro de 1979, mas tendo as partes promitentes, posteriormente a essa data, tro-*

cado correspondência (até 16 de Outubro de 1981) e efectuado registos provisórios de aquisição (o último dos quais em 25 de Março de 1980), é de concluir que a data indicada para a escritura não era essencial e foi alterada para data posterior ao Dec.-Lei n.° 236/80, pelo que o referido art. 830.°, na redacção deste Dec.-Lei, tem já aplicação ao caso.

IV – *Não tendo a mulher do promitente-vendedor assinado a promessa de venda, mas tendo a ela aderido – como seja, assinando correspondência sobre o caso e requerendo a inscrição provisória da aquisição por parte do promitente-comprador, agindo como procuradora do marido vendedor – deve com tal adesão considerar-se confirmado o negócio anulável – art. 1687.° do Cód. Civil – e dado o consentimento necessário para a venda definitiva – art. 1682.°-A, n.° 1, alínea a), do mesmo diploma legal.*

V – *Uma vez confirmado o acto do marido promitente-vendedor – art. 288.° do Cód. Civil – não há qualquer óbice à aplicação da execução específica autorizada pelo art. 830.° desse código, na redacção do Dec.-Lei n.° 236/80.*

30 – AC. REL. COIMBRA 91/01/08 (CJ, ANO XVI, TOMO 1, 44)

I – *O contrato promessa de compra e venda de imóvel exige o reconhecimento presencial das assinaturas dos promitentes e a certificação notarial da existência de licença de utilização ou de construção.*

II – *A falta de tais requisitos torna o negócio anulável, sendo a nulidade invocável a todo o tempo pelo promitente- - comprador, pode ser sanada e não é do conhecimento oficioso do tribunal.*

III – *O não cumprimento pode ser imputável em igual medida a ambos os contraentes, podendo qualquer deles pedir a resolução; ou não ser imputável a nenhum devendo o "accipiens" restituir a coisa que lhe foi entregue como sinal.*

31 – AC. REL. COIMBRA 92/09/06 (CJ, ANO XVII, TOMO 4, 68)

I – *A questão da validade dos contratos-promessa bilaterais ou recíprocos assinados apenas por uma das partes continuou a subsistir após a entrada em vigor das alterações introduzidas pelo Dec.-Lei n.º 379/86 ao art. 410.º do Cód. Civil.*

II – *Do assento de 29/11/89 que pretendeu pôr fim à controvérsia, há pelo menos duas interpretações: a da nulidade parcial de tais contratos e consequente redução e a da nulidade total do contrato promessa unilateral.*

III – *É válida a promessa de compra e venda de bens imóveis exarada em dois documentos – original e duplicado – se o promitente-vendedor tiver assinado o exemplar entregue ao promitente comprador e este tiver assinado o exemplar entregue àquele.*

32 – AC. REL. COIMBRA DE 91/03/19 (BMJ 405, 541)

No contrato-promessa de compra e venda a forma legal é exigida não só por razões de interesse de ordem pública, como também para proteger os próprios contraentes contra atitudes precipitadas ou mesmo levianas.
Por isso, não constitui, em princípio, abuso de direito a invocação da nulidade decorrente da inobservância da forma legal prescrita para aquele tipo de contrato.

33 – AC STJ DE 91/10/03 (BMJ 410, 754)

Tendo sido celebrado um contrato-promessa de compra e venda inválido, por falta de forma, não se coloca um problema de responsabilidade pré-contratual; esta responsabilidade só existe quando uma das partes viu frustrada a confiança depositada na celebração do contrato porque a outra rompeu as negociações ou culposamente procura ou não evita a invalidade do contrato.

34 – AC STJ 1993/03/25 (CJ, ANO I, TOMO II, 39)

I – *O contrato-promessa bilateral de compra e venda, subscrito só por um dos promitentes sofre de invalidade parcial, conduzindo, em princípio, à sua conservação quanto à declaração da parte que assinou o documento.*

II – *Será, porém, nulo, se o contraente que o subscreveu alegar e provar que o contrato não teria sido celebrado sem a parte viciada.*

III – *O assento de 29 de Novembro de 1989 tem de ser interpretado no sentido de consagrar a nulidade parcial do negócio e, portanto, a sua redução.*

35 – AC. STJ 1993/05/04 (CJ, ANO I, TOMO II, 80)

A inobservância das determinações formais impostas pelo art. 410.º, n.º 3 do Cód. Civil na redacção do Dec.-Lei n.º 236/80, de 18-7, acarreta uma invalidade com regime especial, consentida pelo art. 285.º do Código Civil, que não pode ser invocada por terceiros nem declarada oficiosamente pelo tribunal e que poderá ser qualificada como nulidade atípica.

36 – AC. REL. LISBOA 93/03/16 (CJ, ANO XVIII, TOMO II, 105)

I – *A exigência dos requisitos do reconhecimento presencial das assinaturas dos promitentes e a certificação, pelo notário, da existência da respectiva licença de construção, visa, predominantemente, a tutela do interesse do promitente-comprador.*

II – *O fundamento teleológico da nulidade é determinado por motivos de interesse público.*

III – *O vício da omissão daquelas formalidades não pode reconduzir-se à figura da anulabilidade, porque não é sanável pelo decurso do tempo.*

IV – *Logo, a hipótese configurada na parte final do n.º 3 do art. 410.º do Cód. Civil é um dos casos particulares de invalidade previsto na 2.ª Parte do art. 220.º.*

V – *O n.º 3 do art. 410.º consagra uma regra e uma excepção:*
   A) *A regra é que só o promitente comprador tem legitimidade para requerer a declaração de nulidade quanto à omissão dos requisitos;*
   B) *A excepção é que a legitimidade só é conferida ao promitente-vendedor, quando alegue e prove que foi o promitente-comprador que directamente deu causa à omissão (versão de 1980) ou que a omissão se deu por culpa deste (versão de 1986).*
VI – *Daí que:*
   A) *Esta nulidade não é do conhecimento oficioso;*
   B) *Mas poderá ser invocada por terceiro, logo que alegue e prove a sua legitimidade substantiva, a não sanação do vício e os factos qualificativos do dolo ou da culpa do promitente comprador.*

37 – AC. REL. COIMBRA 93/05/25 (CJ, ANO XVIII, TOMO III, 43)

   I – *O facto de a forma da cessão se definir em função do tipo negocial que lhe serve de base não parece excluir que deva também atender-se, porventura, à forma legal presente no contrato de que deriva a posição cedida, devendo a questão ser resolvida em atenção às razões da exigência de forma.*
   II – *As razões por que a lei exige documento pelo promitente para a validade do contrato-promessa são igualmente aplicáveis à cessão da posição contratual desse promitente, já que o cessionário irá ocupar a posição do cedente.*

38 – AC. REL. LISBOA 93/10/21 (CJ, ANO XVIII, TOMO IV, 152)

   I – *Não é admissível a junção, com alegação de recurso, de um documento potencialmente útil à causa "ab initio" e não apenas após a sentença, ainda que essa sentença tenha sido proferida em saneador.*

II – *Não obstante o assento do STJ de 29.11.89, o tribunal não pode, oficiosamente, reduzir uma alegada promessa bilateral para unilateral.*
III – *E, se tal for colocado, apenas, em sede de recurso, é questão nova, de que não pode conhecer-se.*

39 – AC. STJ 1992/11/03 (BMJ 421, 392)

I – *O artigo 292.° do Cód. Civil que regulamenta a redução do negócio jurídico, dispõe que a nulidade parcial não determina a invalidade de todo o negócio, salvo quando se mostre que este não teria sido concluído sem a parte viciada.*
II – *Pode ser válida a promessa unilateral de venda do imóvel assinada pelo promitente-vendedor. Para tanto*
III – *Há que averiguar a vontade conjectural de ambas as partes no aproveitamento parcial do negócio. Assim,*
IV – *O negócio é parcialmente válido no que respeita à obrigação do subscritor, mas deixará de o ser, mesmo nessa parte, se provar que ele não teria sido celebrado se fosse conhecido o vício.*
V – *É a parte interessada na nulidade do negócio que tem o ónus de provar que o contrato não teria sido celebrado se tivesse sido previsto que a falta de assinatura não implicava a nulidade da promessa do subscritor.*
VI – *A ré promitente vendedora, interessada na nulidade, não tendo provado que não teria celebrado o contrato se tivesse previsto a falta de assinatura da autora, subsiste como válida a sua promessa de venda, porque afinal não mostrou que não a teria concluído sem a parte viciada como é doutrina do indicado art. 292.°.*

40 – AC. STJ 1993/01/12 (BMJ 423, 463)

I – *As formalidades legais de qualquer declaração são, em princípio, formalidades* ad substantiam; *a inobservância de forma legal origina a nulidade, quando outra não seja* a sanção especialmente prevista na lei, de harmonia com o preceituado no artigo 220.º do Cód. Civil.

II – A inobservância do formalismo legal do contrato de promessa, prescrito no n.º 3 do art. 410.º do Cód. Civil, na redacção do Dec.-Lei n.º 236/80, de 18 de Julho, determina uma nulidade mista, que os autores vêm preferindo designar por anulabilidade atípica ou anómala; e, porque estabelecida apenas no interesse de um dos contraentes, não é invocável por terceiros nem é de conhecimento oficioso pelo tribunal.

III – O artigo 605.º, n.º 1, do Cód. Civil, segundo o qual os credores têm legitimidade para invocar a nulidade dos actos praticados pelo devedor, tem apenas em vista os actos nulos e não os anuláveis ou feridos de nulidade atípica, além de ser norma de carácter geral para a garantia geral das obrigações, e anterior à norma especial que é o n.º 3 do art. 410.º do Cód. Civil, pelo que deve ceder perante esta.

IV – O assento do Supremo Tribunal de Justiça, de 29 de Novembro de 1989, que considera nulo o contrato-promessa bilateral de compra e venda de imóvel vazado em documento assinado por um dos contraentes, reporta-se ao texto primitivo do n.º 2 do art. 410.º. Portanto a um período anterior ao começo da vigência do Dec.-Lei n.º 236/80, e não esclarece se a nulidade é típica ou atípica, nem se debruçou propriamente sobre a questão da invalidade, questão vagamente abordada na fundamentação, mas sim sobre a possibilidade de valer como contrato-promessa unilateral o contrato-promessa bilateral exarado em documento apenas assinado por um dos contraentes.

V – Como é válido o contrato, válido é o direito de retenção sobre a coisa que é objecto do contrato de promessa de que goza o promitente-comprador, uma vez que houve tradição da coisa, de acordo com o preceituado no n.º 3 do art. 442.º do Cód. Civil, na redacção do citado Dec.-Lei n.º 236/80, e, após o início de vigência do Dec.-

-Lei n.° 379/80, de 11 de Novembro, na alínea f) do n.° 1 do art. 755.° do mesmo código.
VI – A sentença homologatória da transacção entre autor e réu, na acção declarativa, constitui caso julgado material oponível ao reclamante de crédito com hipoteca registada sobre o bem em execução apensa àquela acção e sobre o qual incide um direito de retenção.
VII – Este credor, reclamante do crédito, é terceiro juridicamente indiferente, porquanto o seu crédito, que com o reconhecimento do direito de retenção pela referida sentença de transacção baixa de lugar na escala de graduação de créditos, continua o mesmo, com o mesmo conteúdo e a mesma garantia hipotecária; essa baixa de graduação não se traduz num prejuízo jurídico mas sim e apenas num prejuízo económico.
VIII – Mas, ainda que se admita que o credor reclamante pode impugnar o crédito exequendo, essa reclamação deve ser feita no prazo que lhe foi concedido pelo n.° 3 do art. 866.° do Cód. Proc. Civil.

41 – AC. REL. LISBOA 1993/01/14 (BMJ 423, 579)

I – *O credor dos promitentes-vendedores pode arguir a falta de reconhecimento notarial das assinaturas, bem como da falta de licença de construção.*
II – *A falta daqueles requisitos formais constitui nulidade atípica.*
III – *Esta nulidade pode ser conhecida oficiosamente pelo tribunal, como pode ser arguida por qualquer terceiro interessado na sua arguição.*

42 – AC. REL. PORTO 1993/03/18 (BMJ 425, 619)

A falta de assinatura de um dos promitentes acarreta a nulidade total do contrato-promessa bilateral e sinalagmático, por ser de presumir que as partes quiseram o negócio com dupla vinculação ou, por outras palavras, por ser de presumir que o contraente cuja declaração persiste, por aposição da sua assinatura, não teria querido o negócio com dupla vinculação ou, por outras palavras, por ser de presumir que o contraente cuja declaração persiste, por aposição da sua assinatura, não teria querido o negócio se tivesse previsto a não vinculação da outra parte.

43 – AC. REL. LISBOA 1993/06/03 (BMJ 428, 663)

I – *A simples entrega por um dos contraentes ao outro de uma quantia como princípio de pagamento do preço não permite, só por si, concluir que estamos perante um contrato-promessa de compra e venda, pois esta questão põe-se ao contrário, isto é, se houver este tipo de contrato, a referida quantia presume-se que tem carácter de sinal – art. 441.º do Cód. Civil.*

II – *Se em escrito particular uma parte declarou vender um imóvel e a outra aceitou esta declaração, não ocorre um contrato-promessa de compra e venda, mas sim um contrato de compra e venda, se bem que nulo por falta da forma legal.*

44 – AC. REL. PORTO 1993/10/25 (BMJ 430, 511)

I – *Um contrato-promessa bilateral, constante de transacção judicial resultante da conciliação obtida pelo juiz em audiência de julgamento e exarada na respectiva acta, não tem que ser assinada pelos promitentes, visto que a assinatura do juiz lhe confere autenticidade.*

II – *Não tendo sido fixado prazo para a realização da escritura, nem as condições de pagamento do preço, a escritura será celebrada logo que uma das partes interpele a outra e o pagamento do preço é a pronto, no acto da escritura.*

45 – AC. STJ 1993/11/10 (BMJ 431, 453)

I – *O disposto no n.º 3 do art. 410.º do Cód. Civil, na redacção resultante do Dec.-Lei n.º 236/80, de 18 de Julho, visou a protecção do promitente-comprador, reconhecido como consumidor, no trato de aquisição de prédio urbano ou de sua fracção autónoma com o promitente-vendedor suposto como profissional.*

II – *A parte final daquela disposição consagra uma nulidade que só é invocável pelo promitente-comprador, ou pelo promitente-vendedor no caso de haver sido o primeiro quem lhe deu causa, neste caso por exigência da boa fé.*

III – *Assim, o titular de hipoteca sobre o prédio objecto mediato do contrato prometido não pode invocar o vício resultante da falta de reconhecimento notarial das assinaturas dos promitentes.*

46 – ASSENTO STJ BMJ 444, 109 1995/02/01

No domínio do n.° 3 do ar. 410.° do Cód. Civil (redacção do Dec.-Lei n.° 236/80, de 18 de Julho) a omissão das formalidades previstas nesse número não pode ser oficiosamente conhecida pelo tribunal.

47 – AC STJ BMJ 445, 423 1995/03/09

I – *Nos termos do art. 410.°, n.° 2, do Cód. Civil, na sua versão original, o contrato-promessa de compra e venda de imóvel celebrado em 17 de Setembro de 1974 tinha de constar de documento assinado pelos promitentes, uma vez que, segundo o art. 89.°, alínea a), do Cód. do Notariado – e o art. 875.° do Cód. Civil –, o contrato prometido devia então ser celebrado por escritura pública.*

II – *A exigência de documento escrito, assinado por ambos os promitentes, tem em vista acautelar a ponderação e a reflexão dos dois contraentes contra opções irreflectidas acerca das obrigações principais por um e outro assumidas reciprocamente: a obrigação de vender e a obrigação de comprar.*

III – *Sendo o preço da compra e venda elemento essencial de qualquer uma destas obrigações, as razões da exigência de forma do contrato-promessa valem para as estipulações contratuais posteriores que alterem de um ou de outro modo o preço convencionado, devendo as mesmas, consequentemente, ser também reduzidas a documento assinado pelos promitentes.*

A estipulação, meramente verbal, posterior ao contrato, pela qual se alterou o preço acordado mediante um encargo adicional para a promitente-compradora, é, por consequência, nula, nos termos dos arts. 220.º e 221.º, n.º 2, do Cód. Civil.

IV – *A fotocópia não impugnada de um cheque faz prova plena da existência do original do cheque, de harmonia com o disposto no art. 368.º do Cód. Civil.*

Não impugnado, por seu turno, esse original, faz o mesmo prova plena quanto à declaração nele contida, em conformidade com o art. 376.º daquele Código.

V – *Pedida a condenação no pagamento de um crédito fundado em sub-rogação legal (art. 592.º, n.º 1, do Cód. Civil) e de certos juros, não pode este segundo pedido ser atendido se os juros não se conexionarem com o crédito cuja titularidade deriva da sub-rogação.*

VI – *Assiste à Relação em recurso de apelação (arts. 659.º, n.º 3, segmento final, e 713.º, n.º 2, do Cód. Proc. Civil), mas não no Supremo Tribunal de Justiça em recurso de revista (arts. 712.º, n.º 2, 722.º, n.º 2, e 729.º, n.º 2, do mesmo Código), o poder de extrair do quadro fáctico apurado as correspondentes presunções judiciais.*

48 – AC. STJ BMJ 447, 502 1995-05-09

I – *A relação contratual pode ser declarada extinta por uma das partes com fundamento na lei ou em convenção, mediante comunicação à outorgante, nisto consistindo a resolução do contrato.*

II – *As partes podem convencionar na cláusula resolutiva atribuindo a um deles o poder de extinguir a resolução contratual se verificar no futuro um facto incerto e será nulo se anterior ou contemporâneo do contrato escrito e não seguir a forma deste.*

III – *A cláusula resolutiva posterior ao contrato-promessa não está sujeito à forma daquele, por se traduzir na modificação ou limitação das obrigações iniciais.*

IV – *A declaração da resolução não tem de seguir a forma do respectivo contrato por que consiste numa simples comunicação à outra parte de ir exercer o direito da resolução e produz efeitos jurídicos no próprio momento se a outra parte não se opuser (não restituindo o que deve ou não outorgando em nova escritura pública).*

1.2. A capacidade das partes (CAPACIDADE NEGOCIAL)

A capacidade de exercício de direitos é um dos requisitos subjectivos do contrato.

Regra geral, as pessoas singulares têm capacidade de exercício de direitos. As incapacidades são excepcionais e estão fixadas pela lei.

O que determina as incapacidades é o interesse do próprio incapaz, por ex., do menor, do interdito, do inabilitado.

1.2.1. *Menoridade* [21]

A incapacidade dos menores é uma incapacidade geral [22], que

---

[21] Artigo 122.° e seguintes, do Código Civil: "É menor quem não tiver ainda completado dezoito anos de idade." (Redacção do Dec.-Lei 496/77, de 25-11).

[22] Artigo 123.°, do Código Civil (Incapacidade dos menores): "Salvo disposição em contrário, os menores carecem de capacidade para o exercício de direitos."

abrange, em princípio, quaisquer negócios de natureza pessoal ou patrimonial [23].

O menor pode ser representado [24], no entanto, através do poder paternal, ou, subsidiariamente, pela tutela [25].

A incapacidade termina quando o menor atingir a idade de 18 anos [26].

---

[23] Existem excepções à incapacidade dos menores (artigo 127.º, do Código Civil): "1. São excepcionalmente válidos, além de outros previstos na lei:
 a) Os actos de administração ou disposição de bens que o maior de dezasseis anos haja adquirido por seu trabalho;
 b) Os negócios jurídicos próprios da vida corrente do menor que, estando ao alcance da sua capacidade natural, só impliquem despesas, ou disposições de bens, de pequena importância;
 c) Os negócios jurídicos relativos à profissão, arte ou ofício que o menor tenha sido autorizado a exercer, ou os praticados no exercício dessa profissão, arte ou ofício.
 2. Pelos actos relativos à profissão, arte ou ofício do menor e pelos actos praticados no exercício dessa profissão, arte ou ofício só respondem os bens de que o menor tiver a livre disposição."
 (Redacção do Dec.-Lei 496/77, de 25-11).

[24] Artigo 124.º, do Código Civil: "A incapacidade dos menores é suprida pelo poder paternal e, subsidiariamente, pela tutela, conforme se dispõe nos lugares respectivos."

[25] Artigo 1921.º, do Código Civil (Menores sujeitos a tutela): "1. O menor está obrigatoriamente sujeito a tutela:
 a) Se os pais houverem falecido;
 b) Se estiverem inibidos do poder paternal quanto à regência da pessoa do filho;
 c) Se estiverem há mais de seis meses impedidos de facto de exercer o poder paternal;
 d) Se forem incógnitos.
 2. Havendo impedimento de facto dos pais, deve o Ministério Público tomar as providências necessárias à defesa do menor, independentemente do decurso do prazo referido na alínea c) de número anterior, podendo para o efeito promover a nomeação de pessoa que, em nome do menor, celebre os negócios jurídicos que sejam urgentes ou de que resulte manifesto proveito para este."

[26] Artigo 129.º, do Código Civil (Termo da incapacidade dos menores): "A incapacidade dos menores termina quando eles atingem a maioridade ou são emancipados, salvas as restrições da lei."

Os negócios jurídicos praticados pelo menor estão feridos de *anulabilidade*[27]. Nos termos, porém, do artigo 126.º, do Código Civil, não tem o direito de invocar a anulabilidade o menor que para praticar o acto tenha usado de dolo com o fim de se fazer passar por maior ou emancipado.

1.2.2. *Inabilitação*[28]

A inabilitação, como a interdição, resulta de uma decisão judi-

---

[27] Artigo 125.º, do Código Civil (Anulabilidade dos actos dos menores): "1. Sem prejuízo do disposto no n.º 2 do artigo 287.º, os negócios jurídicos celebrados pelo menor podem ser anulados:
a) A requerimento, conforme os casos, do progenitor que exerça o poder paternal, do tutor ou do administrador de bens, desde que a acção seja proposta no prazo de um ano a contar do conhecimento que o requerente haja tido do negócio impugnado, mas nunca depois de o menor atingir a maioridade ou ser emancipado, salvo o disposto no artigo 131.º;
b) A requerimento do próprio menor, no prazo de um ano a contar da sua maioridade ou emancipação;
c) A requerimento de qualquer herdeiro do menor, no prazo de um ano a contar da morte deste, ocorrida antes de expirar o prazo referido na alínea anterior.
2. A anulabilidade é sanável mediante confirmação do menor depois de atingir a maioridade ou ser emancipado, ou por confirmação do progenitor que exerça o poder paternal, tutor ou administrador de bens, tratando-se de acto que algum deles pudesse celebrar como representante do menor." (Redacção do Dec.--Lei 496/77, de 25-11).
Artigo 126.º (Dolo do menor): "Não tem o direito de invocar a anulabilidade o menor que para praticar o acto tenha usado de dolo com o fim de se fazer passar por maior ou emancipado."
Artigo 130.º (Efeitos da maioridade): "Aquele que perfizer dezoito anos de idade adquire plena capacidade de exercício de direitos, ficando habilitado a reger a sua pessoa e a dispor dos seus bens." (Redacção do Dec.-Lei 496/77, de 25-11).
[28] Artigo 152.º, do Código Civil (Pessoas sujeitas a inabilitação): "Podem ser inabilitados os indivíduos cuja anomalia psíquica, surdez-mudez ou cegueira, embora de carácter permanente, não seja de tal modo grave que justifique a sua interdição, assim como aqueles que, pela sua habitual prodigalidade ou pelo uso de bebidas alcoólicas ou de estupefacientes, se mostrem incapazes de reger convenientemente o seu património."

cial, no termo de um processo judicial, determinando a sentença uma maior ou menor extensão da incapacidade.

A inabilitação abrange os actos de disposição de bens entre vivos e os que forem especificados na sentença, dadas as circunstâncias do caso [29].

A administração do património do inabilitado pode ser-lhe retirada e entregue ao curador [30].

O meio de suprir a incapacidade dos inabilitados é, tendencialmente, o instituto da assistência, podendo ser também o da representação [31].

Os actos praticados pelo inabilitado são anuláveis, nos termos dos artigos 148.º, 149.º e 150.º, do Código Civil, aplicáveis à inabilitação, por força do artigo 156.º do Código Civil.

Sobre o levantamento da inabilitação, dispõe o artigo 155.º do Código Civil: "Quando a inabilitação tiver por causa a prodigalidade ou o abuso de bebidas alcoólicas ou de estupefacientes, o seu levantamento não será deferido antes que decorram cinco anos sobre o trânsito em julgado da sentença que a decretou ou da decisão que haja desatendido um pedido anterior."

1.2.3. Interdição [32]

A interdição é aplicável a indivíduos de maioridade, uma vez

---

[29] Artigo 153.º, do Código Civil (Suprimento da inabilidade): "1. Os inabilitados são assistidos por um curador, a cuja autorização estão sujeitos os actos de disposição de bens entre vivos e todos os que, em atenção às circunstâncias de cada caso, forem especificados na sentença.
2. A autorização do curador pode ser judicialmente suprida."
[30] Artigo 154.º, do Código Civil (Administração dos bens do inabilitado): "1. A administração do património do inabilitado pode ser entregue pelo tribunal, no todo ou em parte, ao curador.
2. Neste caso, haverá lugar à constituição do conselho de família e designação do vogal que, como subcurador exerça as funções que na tutela cabem ao protutor.
3. O curador deve prestar contas da sua administração."
[31] Artigos 153.º e 154.º, n.º 1, do Código Civil, transcritos supra.
[32] Artigo 138.º, do Código Civil (Pessoas sujeitas a interdição): "1. Podem ser interditos do exercício dos seus direitos todos aqueles que por anomalia

que os menores, quando surdos-mudos ou cegos, ou dementes, sempre estão protegidos pela incapacidade por menoridade.

A incapacidade por interdição deverá ser declarada por uma sentença judicial, como acontece também com a inabilitação, acima referida. A sentença deverá ser registada, sob pena de não poder ser invocada contra terceiro de boa fé [33].

A lei permite, no entanto, que a interdição seja requerida e decretada dentro do ano anterior à maioridade para produzir os seus efeitos a partir do dia em que o menor se torne maior [34].

A incapacidade é suprida mediante o instituto da representação legal, como sucede para os menores, salvaguardada a diferença quanto ao tribunal competente [35] quanto ao funcionamento da representação legal – no caso dos menores é o tribunal de menores, no caso dos interditos, é o tribunal comum.

Os negócios jurídicos celebrados pelo interdito depois do registo da sentença de interdição definitiva, *são anuláveis – artigo 148.º, do Código Civil* [36].

---

psíquica, surdez-mudez ou cegueira se mostrem incapazes de governar suas pessoas e bens.
2. As interdições são aplicáveis a maiores; mas podem ser requeridas e decretadas dentro do ano anterior à maioridade, para produzirem os seus efeitos a partir do dia em que o menor se torne maior." (Redacção do Dec.-Lei 496/77, de 25-11).

[33] Artigo 147.º, do Código Civil (Publicidade da interdição): "À sentença de interdição definitiva é aplicável, com as necessárias adaptações, o disposto nos artigos 1920.º-B e 1920.º-C."
(Redacção do Dec.-Lei 496/77, de 25-11)

[34] Artigo 138.º, n.º 2, do Código Civil, transcrito supra.

[35] Artigo 140.º, do Código Civil (Competência dos tribunais comuns): "Pertence ao tribunal por onde corre o processo de interdição a competência atribuída ao tribunal de menores nas disposições que regulam o suprimento do poder paternal."

[36] Artigo 148.º, do Código Civil (Actos do interdito posteriores ao registo da sentença): "São anuláveis os negócios jurídicos celebrados pelo interdito depois do registo da sentença de interdição definitiva."

Artigo 149.º, do Código Civil (Actos praticados no decurso da acção): "1. São igualmente anuláveis os negócios jurídicos celebrados pelo incapaz

São também anuláveis – cfr. artigo 149.º, do Código Civil – os negócios jurídicos celebrados depois de publicados os anúncios da proposição da acção, exigidos no artigo 945.º do Código de Processo Civil, contanto que a interdição venha a ser definitivamente decretada e se mostre que o negócio causou prejuízo ao interdito[37].

São também anuláveis – cfr. artigo 150.º, do Código Civil – nos termos previstos para a incapacidade acidental, no artigo 257.º do Código Civil os negócios celebrados anteriormente à publicidade da acção, sendo assim, condições necessárias e suficientes para a anulabilidade, que, no momento do acto, haja uma incapacidade de entender o sentido da declaração negocial ou falte o livre exercício da vontade e que a incapacidade natural existente seja notória ou conhecida do declaratário[38].

---

depois de anunciada a proposição da acção nos termos da lei de processo, contanto qua a interdição venha a ser definitivamente decretada e se mostre que o negócio causou prejuízo ao interdito.
2. O prazo dentro do qual a acção de anulação deve ser proposta só começa a contar-se a partir do registo da sentença."
Artigo 150.º, do Código Civil (Actos anteriores à publicidade da acção): "Aos negócios celebrados pelo incapaz antes de anunciada a proposição da acção é aplicável o disposto acerca da incapacidade acidental."
Trata-se de uma invalidade sanável por confirmação das pessoas com legitimidade para a invocar. A anulação não pode ser excluída mediante a alegação de intervalo lúcido do demente, falta de prejudicialidade do acto ou desconhecimento, pela contraparte, da interdição.
[37] A este respeito escreve Mota Pinto " os negócios praticados pelo interdicendo, na pendência do processo de interdição (*rectius* entre a publicação dos anúncios da propositura da acção e o registo da sentença de interdição definitiva) só serão anuláveis se forem considerados prejudiciais *numa apreciação reportada ao momento da prática do acto,* não se tomando em conta eventualidades ulteriores (por ex.:valorização dum terreno, etc.) que tornariam agora vantajoso não o ter realizado.", in Teoria Geral do Direito Civil, 1976, pág. 305.
[38] Não basta a prova da incapacidade natural; exige-se, igualmente, para tutela da boa fé do declaratário e da segurança jurídica, a prova da cognoscibilidade da incapacidade. E torna-se necessário provar que, no momento em que a declaração de vontade foi emitida, existia uma perturbação psíquica incapacitante. Parece não ser necessário que tenha havido prejuízo para o incapaz.

Sobre o levantamento da interdição, dispõe o artigo 151.º do Código Civil: "Cessando a causa que determinou a interdição, pode esta ser levantada a requerimento do próprio interdito ou das pessoas mencionadas no n.º 1 do artigo 141.º.".

1.2.4. Assinatura de ambos os cônjuges

O contrato-promessa de compra e venda de imóveis do casal, celebrado por um dos cônjuges na posição de promitente-vendedor, sem o consentimento do outro, mesmo não vigorando o regime da separação de bens, é valido.

O cônjuge que não outorgou na promessa de venda não pode ser condenado na restituição do sinal em dobro, se não confirmou, por escrito, o acto do cônjuge outorgante.

Nesse caso, também a execução especifica é impraticável, pois não cabe ao tribunal, na sentença, substituir o cônjuge estranho ao contrato-promessa.

1.2.5. Sumários de Jurisprudência

1 – AC. STJ – IN COL. JUR., 1999 – TOMO II, P. 30

É válido o contrato promessa de partilha dos bens comuns celebrado pelos cônjuges na pendência de acção de divórcio por mútuo consentimento e subordinado à condição suspensiva do decretamento do divórcio.

2 – AC. STJ, DE 85/10/31 (BMJ 350, 336)

I – *O art. 410.º, n.º 3, (nova redacção dada pelo Dec.-Lei n.º 236/80, de 18 de Julho) aplica-se a todos os contratos e não apenas à promessa de venda de prédios para a habitação própria.*

II – *A promessa de venda de bens objecto de sucessão, somente por alguns herdeiros a quem esses bens não couberam em partilha, não é nula mas apenas inoponível aos herdeiros não intervenientes.*

III – *Se a coisa foi entregue ao promitente-comprador, mantendo-se o respectivo valor até ao incumprimento do contrato, a indemnização não poderá exceder o dobro do sinal.*

IV – *Os cônjuges dos promitentes-vendedores, não intervenientes no contrato-promessa, são responsáveis exclusivamente pela devolução do sinal.*

3 – AC. STJ, DE 85/03/21 (BMJ 345, 408)

É válido o contrato-promessa de compra e venda de bens imóveis comuns do casal, a que não foi atribuída eficácia real, celebrada pelo marido sem o consentimento da mulher.

4 – AC. STJ, DE 80/07/04 (BMJ, 299, 286)

Sendo a solidariedade passiva a regra nas obrigações comerciais, no contrato-promessa de compra e venda em que tanto o promitente-vendedor como o promitente-comprador são comerciantes, o não cumprimento por parte daquele impõe a condenação solidária do cônjuge.

5 – AC. REL. COIMBRA, 89/04/11(CJ, ANO XIV, TOMO 3, 58)

I – *Uma procuração para venda de um prédio não atribui poderes para celebração de contrato-promessa de venda desse mesmo prédio.*

II – *Celebrado o contrato-promessa pelo mandatário, o negócio é ineficaz em relação aos mandantes se não for por eles ratificado.*

6 – AC. STJ, DE 85/03/21 (BMJ 345, 408)

Quando um dos cônjuges não haja outorgado no contrato-promessa, nem dado o seu assentimento a ele, a execução específica facultada pelo art. 830.° do Cód. Civil, não é exercitável, havendo apenas lugar à indemnização devida pelo incumprimento, em caso de recusa na outorga da escritura.

7 – AC. STJ, DE 84/06/28 (BMJ 338, 409)

I – *Apesar de ser válido o contrato-promessa de venda de imóveis comuns efectuado só por um dos cônjuges, o promitente-comprador não pode obter execução específica (art. 830.° do Cód. Civil) se o cônjuge do promitente-vendedor se recusa a outorgar na escritura de compra e venda.*

II – *Por ser necessário o consentimento de ambos os cônjuges na venda de imóveis comuns que integrem o objecto de uma empresa singular de construção civil que se dedica à venda dos prédios edificados (art. 1682.°-A, n.° 1, alínea a), do Cód. Civil), não pode obter-se execução específica da promessa de venda de um desses prédios, se o cônjuge do empresário não consente na sua alienação.*

8 – AC. REL. PORTO 91/05/16 (CJ, ANO XVI, TOMO 3, 231)

I – *Se, num contrato-promessa, o promitente-vendedor se apresenta (falsamente) como representante do dono e alegando que a procuração se encontra em franca – sendo a sua verdadeira intenção comprar ao dono para, depois, vender ao promitente comprador – ele agiu com reserva mental.*

II – *Mas esta reserva mental não prejudica a restante parte da declaração perante o qual o promitente comprador sabe que não esta a contratar directamente com o dono e que o suposto representante não detém a procuração.*

III – *Por isso, este contrato-promessa é nulo por falta de legitimidade do promitente vendedor para concluir o negócio, conhecido do promitente comprador.*

IV – *Neste caso, o dano do promitente comprador a ser ressarcido é o chamado dano de confiança, resultante da lesão do interesse contratual negativo.*

9 – AC. REL. ÉVORA DE 91/05/09 (BMJ 407, 643)

Constituindo o contrato-promessa mera convenção de prestação de facto, de natureza meramente obrigacional, a inter-

venção da mulher do promitente-vendedor, não se torna necessária para que este fique vinculado as obrigações emergentes do contrato-promessa que celebrou.

10 – AC. REL. COIMBRA 93/01/12 (CJ, ANO XVIII, TOMO I, 13)

I – *O contrato-promessa de compra e venda de imóveis do casal, celebrado por um dos cônjuges na posição de promitente-vendedor, sem o consentimento do outro, mesmo não vigorando o regime da separação de bens, é válido.*
II – *O cônjuge que não outorgou na promessa de venda não pode ser condenado na restituição do sinal em dobro, se não confirmou, por escrito, o acto do cônjuge outorgante.*
III – *Há incumprimento do promitente vendedor e não impossibilidade de cumprimento, se não procurou obter o consentimento do cônjuge para a celebração do contrato prometido e ainda recusou receber o reforço do sinal acordado.*
IV – *A restituição do sinal em dobro não pode considerar-se enriquecimento sem causa porque está de harmonia com as cláusulas do contrato-promessa e a lei.*
V – *A proibição de outra indemnização pelo incumprimento, além do dobro do sinal, se for a opção do promitente--comprador, não abrange os juros moratórios sobre aquele montante, mas tão-só os juros compensatórios ou remuneratórios.*

11 – AC. REL. LISBOA 1993/02/04 (CJ, ANO XVIII, TOMO I, 132)

No caso de promessa de venda de bens imóveis comuns feita pela mulher sem consentimento do marido a execução específica é impraticável, pois não cabe ao tribunal, na sentença, substituir o cônjuge estranho ao contrato-promessa.

12 – AC. REL. PORTO 1993/01/12 (BMJ 423, 594)

A partilha dos bens subsequente à separação de pessoas e bens ou ao divórcio não prejudica a vinculação do cônjuge, ao qual não foram adjudicados os bens prometidos vender, à respon-

sabilização pelo incumprimento do contrato-promessa, tendo legitimidade para se opor ao pedido de indemnização fundado naquele incumprimento.

13 – AC. REL. COIMBRA 1993/10/19 (BMJ 430, 526)

A promessa de venda de bens imóveis comuns feita pelo marido sem o consentimento da mulher, embora seja válida, não é suceptível de execução específica.

14 – STJ ASSENTO N.º 4/94 DR, I-A, 1994/03/23

A dívida de restituição do sinal em dobro, por incumprimento de contrato-promessa de compra e venda de coisa imóvel, celebrado por um dos cônjuges, comerciante, no exercício da sua actividade comercial, como promitente vendedor, é da responsabilidade de ambos os cônjuges, nos termos e com as ressalvas previstas no art. 1691.º, n.º 1, alínea d), do Cód. Civil.

1.3. A divergência entre a vontade e a declaração [39]

1.3.1. *Divergência intencional* [40]

1.3.1.1. Simulação [41]

Na simulação, o declarante emite uma declaração não coincidente com a sua vontade real, por força de um conluio com o

---

[39] A vontade real do declarante pode não coincidir com a declaração negocial. O que ele declara não corresponde ao que ele quer. Esta divergência pode ser intencional ou não intencional. Estamos perante uma divergência intencional quando o declarante emite, consciente e livremente, uma declaração com um sentido objectivo diverso da sua vontade real. Há uma divergência voluntária.

[40] Estamos perante uma divergência intencional quando o declarante emite, consciente e livremente, uma declaração com um sentido objectivo diverso da sua vontade real. Há uma divergência voluntária.

[41] Artigo 240.º, do Código Civil (Simulação): "1. Se, por acordo entre de-

declaratário, com a intenção de enganar terceiros. É o chamado *"pactum simulationis"*. Declarante e declaratário fazem um negócio simulado, por ex. uma *venda fantástica*, para prejudicar os credores; na realidade, eles não querem vender nem comprar. Eventualmente, poderá haver mera intenção de enganar e não de prejudicar. A simulação é fraudulenta quando existe intenção de prejudicar.

Quando os simuladores declaram que pretendem celebrar determinado negócio mas realmente não querem negócio nenhum, como acontece na *venda fantástica,* **a simulação diz-se absoluta.**

Quando, porém, existe um outro negócio dissimulado, que os simuladores realmente quiseram, por ex., declaram uma compra e venda mas, na realidade, fazem uma doação, **a simulação diz-se relativa**[42].

O negócio simulado é nulo, como prescreve o n.º 2 do artigo 240.º, do Código Civil. Mas a validade do negócio dissimulado não é afectada pela invalidade do negócio simulado, desde que satisfaça os seus próprios pressupostos de validade, nomeadamente formais (artigo 241.º n.º 1, do Código Civil).

Legitimidade para arguir a simulação[43]

O regime geral das nulidades e das anulabilidades previsto nos

---

clarante e declaratário, e no intuito de enganar terceiros, houver divergência entre a declaração negocial e a vontade real do declarante, o negócio diz-se simulado.

2. O negócio simulado é nulo."

[42] Artigo 241.º, do Código Civil (Simulação relativa): "1. Quando sob o negócio simulado exista um outro que as partes quiseram realizar, é aplicável a este o regime que lhe corresponderia se fosse concluído sem dissimulação, não sendo a sua validade prejudicada pela nulidade do negócio simulado.

2. Se, porém, o negócio dissimulado for de natureza formal, só é válido se tiver sido observada a forma exigida por lei."

[43] Artigo 242.º, do Código Civil (Legitimidade para arguir a simulação): "1. Sem prejuízo do disposto no artigo 286.º, a nulidade do negócio simulado pode ser arguida pelos próprios simuladores entre si, ainda que a simulação seja fraudulenta.

2. A nulidade pode também ser invocada pelos herdeiros legitimários que pretendam agir em vida do autor da sucessão contra os negócios por ele simuladamente feitos com o intuito de os prejudicar."

artigos 286.º e seguintes⁴⁴, do Código Civil, sofre aqui algumas derrogações.

Os herdeiros legitimários do autor da sucessão podem arguir a nulidade do negócio simulado, mesmo estando ele vivo, desde que celebrado com o intuito de os prejudicar (artigo 242.º, n.º 2, do Código Civil).

---

⁴⁴ *Nulidade e anulabilidade do negócio jurídico*
Artigo 285.º, do Código Civil (Disposição geral): "Na falta de regime especial, são aplicáveis à nulidade e à anulabilidade do negócio jurídico as disposições dos artigos subsequentes."
Artigo 286.º, do Código Civil (Nulidade): "A nulidade é invocável a todo o tempo por qualquer interessado e pode ser declarada oficiosamente pelo tribunal."
Artigo 287.º, do Código Civil (Anulabilidade): "1. Só têm legitimidade para arguir a anulabilidade as pessoas em cujo interesse a lei a estabelece, e só dentro do ano subsequente à cessação do vício que lhe serve de fundamento.
2. Enquanto, porém, o negócio não estiver cumprido, pode a anulabilidade ser arguida, sem dependência de prazo, tanto por via de acção como por via de excepção."
Artigo 288.º, do Código Civil (Confirmação): "1. A anulabilidade é sanável mediante confirmação.
2. A confirmação compete à pessoa a quem pertencer o direito de anulação, e só é eficaz quando for posterior à cessação do vício que serve de fundamento à anulabilidade e o seu autor tiver conhecimento do vício e do direito à anulação.
3. A confirmação pode ser expressa ou tácita e não depende de forma especial.
4. A confirmação tem eficácia retroactiva, mesmo em relação a terceiro."
Artigo 289.º, do Código Civil (Efeitos da declaração de nulidade e da anulação): "1. Tanto a declaração de nulidade como a anulação do negócio têm efeito retroactivo, devendo ser restituído tudo o que tiver sido prestado ou, se a restituição em espécie não for possível, o valor correspondente.
2. Tendo alguma das partes alienado gratuitamente coisa que devesse restituir, e não podendo tornar-se efectiva contra o alienante a restituição do valor dela, fica o adquirente obrigado em lugar daquele, mas só na medida do seu enriquecimento.
3. É aplicável em qualquer dos casos previstos nos números anteriores, directamente ou por analogia, o disposto nos artigos 1269.º e seguintes."

E, por outro lado, afastando a regra geral do artigo 291.°, do Código Civil,[45] consagra-se a inoponibilidade da simulação contra terceiros de boa-fé[46].

1.3.1.2. Reserva mental[47]

Na reserva mental, o declarante emite uma declaração não coincidente com a sua vontade real, sem qualquer conluio com o declaratário, visando precisamente enganar este. Por exemplo, A declara a B fazer-lhe uma doação ou um empréstimo sem ter na realidade essa intenção, mas apenas para o dissuadir do suicídio, que B tem em mente concretizar por estar em situação económica difícil.

1.3.1.3. Declaração não séria[48]

Na declaração não séria, o declarante emite uma declaração não coincidente com a sua vontade real, mas sem intuito de enganar

---

[45] Artigo 291.°, do Código Civil (Inoponibilidade da nulidade e da anulação): "1. A declaração de nulidade ou a anulação do negócio jurídico que respeite a bens imóveis, ou a bens móveis sujeitos a registo, não prejudica os direitos adquiridos sobre os mesmos bens, a título oneroso, por terceiro de boa fé, se o registo da aquisição for anterior ao registo da acção de nulidade ou anulação ou ao registo do acordo entre as partes acerca da invalidade do negócio.
2. Os direitos de terceiro não são, todavia, reconhecidos, se a acção for proposta e registada dentro dos três anos posteriores à conclusão do negócio.
3. É considerado de boa fé o terceiro adquirente que no momento da aquisição desconhecia, sem culpa, o vício do negócio nulo ou anulável."

[46] Artigo 243.°, do Código Civil (Inoponibilidade da simulação a terceiros de boa fé): "1. A nulidade proveniente da simulação não pode ser arguida pelo simulador contra terceiro de boa fé.
2. A boa fé consiste na ignorância da simulação ao tempo em que foram constituídos os respectivos direitos.
3. Considera-se sempre de má fé o terceiro que adquiriu o direito posteriormente ao registo da acção de simulação, quando a este haja lugar."

[47] Artigo 244.°, do Código Civil (Reserva mental): "1. Há reserva mental, sempre que é emitida uma declaração contrária à vontade real com o intuito de enganar o declaratário.
2. A reserva não prejudica a validade da declaração, excepto se for conhecida do declaratário; neste caso, a reserva tem os efeitos da simulação."

[48] Artigo 245.°, do Código Civil (Declarações não sérias): "1. A declaração

ninguém, declaratário ou terceiros. É o caso de o declarante estar convencido de que o declaratário se apercebe do carácter não sério da declaração. Pode tratar-se, por exemplo, de declarações jocosas, didácticas, cénicas, publicitárias, etc.. As declarações não sérias não produzem efeito de declaração negocial.

1.3.2. Divergência não intencional [49]

1.3.2.1. Falta de consciência da declaração [50]

Nestes casos, o declarante não tem sequer consciência de que está a emitir uma declaração negocial.

Há uma divergência entre a vontade e a declaração, porque o comportamento do sujeito é tido como uma declaração negocial mas não corresponde a nenhuma vontade sequer de a emitir. Uma declaração emitida nestas condições, não produz qualquer efeito.

1.3.2.2. Coacção física [51]

A declaração pode ser produzida porque o sujeito é fisicamente forçado a isso, pelo declaratário ou por terceiro. Na coacção física (absoluta), o coagido tem a liberdade de acção totalmente excluída, enquanto na coacção moral (relativa), prevista no artigo 255.º, do

---

não séria, feita na expectativa de que a falta de seriedade não seja desconhecida, carece de qualquer efeito.

2. Se, porém, a declaração for feita em circunstâncias que induzam o declaratário a aceitar justificadamente a sua seriedade, tem ele o direito de ser indemnizado pelo prejuízo que sofrer."

[49] Estamos perante uma divergência não intencional quando o declarante ou não se apercebe da divergência entre aquilo que declara e o que realmente quer, ou porque é forçado irresistivelmente a emitir uma declaração divergente da sua vontade.

[50] Artigo 246.º, do Código Civil (Falta de consciência da declaração e coacção física): "A declaração não produz qualquer efeito, se o declarante não tiver a consciência de fazer uma declaração negocial ou for coagido pela força física a emiti-la; mas, se a falta de consciência da declaração foi devida a culpa, fica o declarante obrigado a indemnizar o declaratário."

[51] Ver o Artigo 246.º, do Código Civil (Falta de consciência da declaração e coacção física), trancrito em nota acima.

Código Civil, a liberdade está apenas cerceada. Quando ao sujeito falte também a consciência de que está a emitir uma declaração negocial, haverá sobreposição com a figura da falta de consciência da declaração, mas, neste caso, parece que a coacção física deve consumir aquela.

A declaração sob coacção física, não produz qualquer efeito. A lei não fala em nulidade. Parece, nesta situação, estar-se perante inexistência de negócio.

1.3.2.3. Erro na declaração (erro-obstáculo) [52]

O erro na declaração, ou erro obstáculo ocorre porque o declarante representa para si mesmo um objecto negocial que não corresponde à realidade, ou ignora determinada circunstância essencial. Há um comportamento declarativo do errante que não tem consciência da divergência entre a vontade e a declaração.

a) Quando falta a vontade de acção ou quando falta a vontade ou, pelo menos, a consciência da declaração. Estas hipóteses são abrangidas pelo artigo 246.°, do Código Civil.

O negócio não produz qualquer efeito, mesmo que a falta de consciência da declaração não seja conhecida ou cognoscível do declaratário. Como diz Mota Pinto, *"trata-se dum caso de nulidade, salvo na hipótese de falta de vontade de acção em que parece estar--se, antes, perante um caso de verdadeira inexistência da declaração"* [53].

b) Quando há desvio na vontade de acção *(lapsus linguae* ou *lapsus calami; erro mecânico)* ou desvio na vontade negocial *(erro de juízo)*. O princípio geral regulador destas hipóteses encontra-se no artigo 247.°, do Código Civil.

---

[52] Artigo 247.°, do Código Civil (Erro na declaração): "Quando, em virtude de erro, a vontade declarada não corresponda à vontade real do autor, a declaração negocial é anulável, desde que o declaratário conhecesse ou não devesse ignorar a essencialidade, para o declarante, do elemento sobre que incidiu o erro."

Artigo 248.°, do Código Civil (Validação do negócio): "A anulabilidade fundada em erro na declaração não procede, se o declaratário aceitar o negócio como o declarante o queria."

[53] Teoria Geral do Direito Civil, citado, pág. 377.

Nestas hipóteses, o declarante tem consciência de emitir uma declaração negocial, todavia, por lapso ou por estar erradamente convencido, não se apercebe de que a declaração tem um conteúdo divergente da sua vontade real.

A declaração emitida em erro, se o declaratário conhecia ou devia conhecer a essencialidade, para o declarante, do elemento sobre que incidiu o erro, é anulável.

A lei não exige o conhecimento ou a cognoscibilidade do erro, contentando-se com o conhecimento ou cognoscibilidade da essencialidade do elemento sobre que ele incidiu[54].

1.3.2.4. Erro na transmissão[55]

Fundamentalmente, estamos perante esta figura quando um terceiro (intermediário ou transmitente)transmite a declaração de uma forma inexacta. O erro na transmissão desencadeará o efeito anulatório previsto no artigo 247.º, do Código Civil.

O n.º 2 do artigo 250.º estabelece uma excepção, admitindo a anulação sempre que o intermediário emita intencionalmente uma declaração diversa da vontade do declarante mandante.

1.3.2.5. Erro de cálculo (ou de escrita)[56]

Trata-se de erro ou de mero lapso na execução, o que o torna manifesto e ostensivo no contexto da declaração ou através das circunstâncias em que a declaração é emitida.

Assim sendo, pode ser rectificado.

---

[54] Para estas e outras hipóteses que merecem tratamento especial, cfr. MOTA PINTO, ob. cit.,págs.377 e segs.

[55] Artigo 250.º, do Código Civil (Erro na trasmissão da declaração): "1. A declaração negocial inexactamente transmitida por quem seja incumbido da transmissão pode ser anulada nos termos do artigo 247.º.

2. Quando, porém, a inexactidão for devida a dolo do intermediário, a declaração é sempre anulável."

[56] Artigo 249.º, do Código Civil (Erro de cálculo ou de escrita): "O simples erro de cálculo ou de escrita, revelado no próprio contexto da declaração ou através das circunstâncias em que a declaração é feita, apenas dá o direito à rectificação desta."

1.3.3. Vontade viciada [57]

1.3.3.1. Erro vício [58]

O erro vício consiste na ignorância ou numa falsa representação da realidade que atinge os motivos determinantes da vontade.

A lei prevê três hipóteses de erro:
a) Erro sobre o objecto (artigo 251.º)
b) Erro sobre a pessoa (artigo 251.º)
c) Erro sobre os motivos (artigo 252.º)

Nas hipóteses *a)* e *b)* o contrato é anulável desde que o declaratário conhecesse ou não devesse ignorar a essencialidade, para o declarante, do elemento sobre que incidiu o erro [59] – artigo 247.º, por aplicação do artigo 251.º.

Na hipótese *c)* o contrato só é anulável se as partes houverem reconhecido, por acordo, a essencialidade do motivo.

Nos termos do n.º 2 do artigo 252.º do Código Civil, se o erro, porém, recair sobre as circunstâncias que constituem a base do ne-

---

[57] Os vícios da vontade consistem em perturbações do processo de formação da vontade, de modo que embora haja concordância da vontade com a declaração, os motivos que a determinam são anómalos e o direito valora-os como ilegítimos.

[58] Artigo 251.º, do Código Civil (Erro sobre a pessoa ou sobre o objecto do negócio): "O erro que atinja os motivos determinantes da vontade, quando se refira à pessoa do declaratário ou ao objecto do negócio, torna este anulável nos termos do artigo 247.º."

Artigo 252.º, do Código Civil (Erro sobre os motivos): "1. O erro que recaia nos motivos determinantes da vontade, mas se não refira à pessoa do declaratário nem ao objecto do negócio, só é causa de anulação se as partes houverem reconhecido, por acordo, a essencialidade do motivo.

2. Se, porém, recair sobre as circunstâncias que constituem a base do negócio, é aplicável ao erro do declarante o disposto sobre a resolução ou modificação do contrato por alteração das circunstâncias vigentes no momento em que o negócio foi concluído."

[59] Artigo 247.º, do Código Civil (Erro na declaração): "Quando, em virtude de erro, a vontade declarada não corresponda à vontade real do autor, a declaração negocial é anulável, desde que o declaratário conhecesse ou não devesse ignorar a essencialidade, para o declarante, do elemento sobre que incidiu o erro."

gócio, é aplicável ao erro do declarante o disposto sobre a resolução ou modificação do contrato por alteração das circunstâncias vigentes no momento em que o negócio foi concluído[60].

1.3.3.2. Dolo[61]

O dolo, como vício da vontade, consiste na consciência e intenção de induzir ou manter em erro o autor da declaração, ou na dissimulação pelo declaratário ou terceiro, do erro do declarante[62].

O comportamento doloso com a intenção de provocar um resultado ilícito é um comportamento censurável.

---

[60] Artigo 437.º, do Código Civil (Condições de admissibilidade): "1. Se as circunstâncias em que as partes fundaram a decisão de contratar tiverem sofrido uma alteração anormal, tem a parte lesada direito à resolução do contrato, ou à modificação dele segundo juízos de equidade, desde que a exigência das obrigações por ela assumidas afecte gravemente os princípios da boa fé e não esteja coberta pelos riscos próprios do contrato.
2. Requerida a resolução, a parte contrária pode opor-se ao pedido, declarando aceitar a modificação do contrato nos termos do número anterior."

[61] Artigo 253.º, do Código Civil (Dolo): "1. Entende-se por dolo qualquer sugestão ou artifício que alguém empregue com a intenção ou consciência de induzir ou manter em erro o autor da declaração, bem como a dissimulação, pelo declaratário ou terceiro, do erro do declarante.
2. Não constituem dolo ilícito as sugestões ou artifícios usuais, considerados legítimos segundo as concepções dominantes no comércio jurídico, nem a dissimulação do erro, quando nenhum dever de elucidar o declarante resulte da lei, de estipulação negocial ou daquelas concepções."
Artigo 254.º, do Código Civil (Efeitos do dolo): "1. O declarante cuja vontade tenha sido determinada por dolo pode anular a declaração; a anulabilidade não é excluída pelo facto de o dolo ser bilateral.
2. Quando o dolo provier de terceiro, a declaração só é anulável se o destinatário tinha ou devia ter conhecimento dele; mas, se alguém tiver adquirido directamente algum direito por virtude da declaração, esta é anulável em relação ao beneficiário, se tiver sido ele o autor do dolo ou se o conhecia ou devia ter conhecido."

[62] Sobre o conceito, as modalidades e as condições de relevância do dolo como motivo de anulação do negócio, veja-se Carlos Alberto da Mota Pinto "Teoria Geral do Direito Civil", citado, págs. 397 e segs..

1.3.3.3. Coacção moral (psicológica) [63]

A lei designa a coacção-vício por coacção moral e por coacção física (246.º, do Código Civil) a coacção absoluta. A coacção psicológica, como vício da vontade consiste na ameaça ilícita de um mal com o fim de extorquir a declaração negocial [64]. Não basta o simples medo ou receio, como, por exemplo, o temor reverencial.

Enquanto a coacção física (absoluta), como vimos, dá lugar à inexistência do negócio (artigo 246.º, do Código Civil), a coacção moral dá lugar à anulabilidade [65] (artigo 256.º, do Código Civil).

1.3.3.4. Incapacidade acidental [66]

A figura da incapacidade acidental visa tutelar situações em que alguém que não é menor ou inabilitado, ou interdito, sendo

---

[63] Artigo 255.º, do Código Civil (Coacção moral): "1. Diz-se feita sob coacção moral a declaração negocial determinada pelo receio de um mal de que o declarante foi ilicitamente ameaçado com o fim de obter dele a declaração.
2. A ameaça tanto pode respeitar à pessoa como à honra ou fazenda do declarante ou de terceiro.
3. Não constitui coacção a ameaça do exercício normal de um direito nem o simples temor reverencial."
Artigo 256.º, do Código Civil (Efeitos da coacção): "A declaração negocial extorquida por coacção é anulável, ainda que esta provenha de terceiro; neste caso, porém, é necessário que seja grave o mal e justificado o receio da sua consumação."

[64] A ameaça com violência física, ou com arma de fogo, para compelir à declaração negocial, constituirão coacção moral se não excluirem totalmente a liberdade do coacto. Mas se a liberdade exterior deste for totalmente excluída sendo ele utilizado como autómato ou instrumento, então estar-se-á no campo da coacção física ou absoluta.

[65] Sobre o conceito, as modalidades e as condições de relevância da coacção como motivo de anulabilidade do negócio, veja-se Carlos Alberto da Mota Pinto " Teoria Geral do Direito Civil ", citado, págs. 402 e segs..

[66] Artigo 257.º, do Código Civil (Incapacidade acidental): "1. A declaração negocial feita por quem, devido a qualquer causa, se encontrava acidentalmente incapacitado de entender o sentido dela ou não tinha o livre exercício da sua vontade é anulável, desde que o facto seja notório ou conhecido do declaratário.
2. O facto é notório, quando uma pessoa de normal diligência o teria podido notar."

portanto, normalmente, capaz de exercício, emite uma declaração negocial sem discernimento ou liberdade de determinação da sua vontade.

A declaração será anulável se, verificando-se a incapacidade acidental, o declaratário conhecia ou podia ter-se apercebido da situação de incapacidade.

1.3.3.5. Usura[67]

Os elementos do conceito de usura são:
a) A situação de necessidade
b) A promessa ou concessão de benefícios excessivos ou injustificados
c) O aproveitamento consciente dessa situação

Certos aspectos subjectivos, como inexperiência, dependência, deficiência psíquica, poderão, quando aproveitados conscientemente por outrém, dar lugar à anulação ou à modificação do negócio, se estiverem em causa benefícios excessivos ou injustificados,

---

[67] Artigo 282.°, do Código Civil (Negócios usurários): "1. É anulável, por usura, o negócio jurídico, quando alguém, explorando a situação de necessidade, inexperiência, ligeireza, dependência, estado mental ou fraqueza de carácter de outrem, obtiver deste, para si ou para terceiro, a promessa ou a concessão de benefícios excessivos ou injustificados.
2. Fica ressalvado o regime especial estabelecido nos artigos 559.°-A e 1146.°." (Redacção do Dec.-Lei 262/83, de 16-6).
Artigo 283.°, do Código Civil (Modificação dos negócios usurários): "1. Em lugar da anulação, o lesado pode requerer a modificação do negócio segundos juízos de equidade.
2. Requerida a anulação, a parte contrária tem a faculdade de opor-se ao pedido, declarando aceitar a modificação do negócio nos termos do número anterior."
Artigo 284.°, do Código Civil (Usura criminosa): " Quando o negócio usurário constituir crime, o prazo para o exercício do direito de anulação ou modificação não termina enquanto o crime não prescrever; e, se a responsabilidade criminal se extinguir por causa diferente da prescrição ou no juízo penal for proferida sentença que transite em julgado, aquele prazo conta-se da data da extinção da responsabilidade criminal ou daquela em que a sentença transitar em julgado, salvo se houver de contar-se a partir de momento posterior, por força do disposto no n.° 1 do artigo 287.°."

como dispõem os artigos 282.° e 283.°, do Código Civil, transcritos em nota.

Sobre o regime da anulabilidade ou modificação, em caso de usura criminosa, cfr. artigo 284.°, do Código Civil.

1.3.3.6. Estado de necessidade

Aos negócios celebrados em estado de necessidade é aplicável o regime dos artigos 282.° e 283.°, previsto para os negócios usurários e referido no ponto anterior.

Haverá, porém, lugar à nulidade, quando a pessoa que se aproveita conscientemente da situação de necessidade tinha o dever de auxiliar o necessitado (acto contrário à lei ou ofensivo dos bons costumes).

1.4. **O objecto do negócio**[68]

O artigo 280.°, do Código Civil, formula os requisitos do objecto negocial[69].

O objecto de um contrato-promessa deve reunir, sob pena de nulidade, os requisitos do objecto de qualquer contrato.

De acordo com o disposto no referido artigo 280.°, do Código Civil, o objecto de um contrato-promessa deve ser física ou legalmente possível, não contrário à lei, determinável, não contrário à ordem pública e não ofensivo dos bons costumes.

---

[68] Artigo 280.°, do Código Civil (Requisitos do objecto negocial): "1. É nulo o negócio jurídico cujo objecto seja física ou legamente impossível, contrário à lei ou indeterminável.

É nulo o negócio contrário à ordem pública, ou ofensivo dos bons costumes."

Artigo 281.°, do Código Civil (Fim contrário à lei ou à ordem pública ou ofensivo dos bons costumes): "Se apenas o fim do negócio jurídico for contrário à lei ou à ordem pública, ou ofensivo dos bons costumes, o negócio só é nulo quando o fim for comum a ambas as partes."

[69] A expressão "objecto negocial" é utilizada pelos artigos 280.° e segs., do Código Civil, num sentido que abrange o conteúdo ou os efeitos jurídicos a que o negócio tende, e o objecto *stricto sensu*, sobre o qual incidem os efeitos do negócio.

1.4.1. *A determinabilidade*

O objecto do negócio deve estar individualmente concretizado no momento do negócio ou poder vir a ser individualmente determinado, segundo um critério estabelecido no contrato ou na lei. Assim, devem considerar-se nulos os negócios cujo objecto não foi determinado nem é determinável, como por exemplo, um negócio tendo por objecto a venda de um terreno designado assim genericamente, sem nenhuma outra individualização.

1.4.2. *A possibilidade física*

A impossibilidade pode ser física ou legal.
A impossibilidade física decorre da própria natureza das coisas.
Teríamos um exemplo de objecto fisicamente impossível na venda de um prédio urbano que já não existe por ter sido destruído.

1.4.3. *A possibilidade legal*

A impossibilidade legal é a resultante da lei.
Um exemplo de impossibilidade legal seria a promessa de venda de uma herança de pessoa viva[70]. O contrato prometido não pode ser concluído porque a lei não o permite. Outros exemplos de objectos legalmente impossíveis seriam a promessa de venda, para construção, de terrenos exclusivamente agrícolas, ou em relação aos quais não é seguramente possível obter alvará de loteamento.

---

[70] Artigo 2028.º, do Código Civil (Sucessão contratual): "1. Há sucessão contratual quando, por contrato, alguém renúncia à sucessão de pessoa viva, ou dispõe da sua própria sucessão ou da sucessão de terceiro ainda não aberta.
2. Os contratos sucessórios apenas são admitidos nos casos previstos na lei, sendo nulos todos os demais, sem prejuízo no disposto no n.º 2 do artigo 946.º."

Originária

A impossibilidade também pode ser originária ou superveniente.
A originária é a que existe no momento da conclusão do negócio jurídico.
Só a impossibilidade originária pode acarretar a nulidade do negócio jurídico – 410.º, n.º 1, do Código Civil.

Superveniente

A superveniente é a que só surge mais tarde, depois da conclusão do negócio, em consequência de eventos extraordinários.

Objectiva

A impossibilidade também pode ser subjectiva ou objectiva.
Objectiva é aquela que se verifica para toda a gente.
Só a impossibilidade objectiva torna o negócio jurídico nulo – 410.º, n.º 3, do Código Civil.

Subjectiva

Subjectiva é aquela que se verifica só para a pessoa do devedor.

1.4.4. *Sumários de Jurisprudência*

1 – AC. REL. ÉVORA, DE 88/05/26 (CJ, ANO XIII, TOMO 3, 287)

    I – *É contrária à ordem pública a conduta do promitente vendedor que frustra, intencionalmente, o objectivo de uma providência cautelar tendente a viabilizar a execução específica de contrato-promessa de compra e venda, apressando-se a celebrar uma escritura dita de compra e venda, com um terceiro, relativa ao mesmo prédio que prometera vender a outrém. Tal situação torna nula esta compra e venda.*

    II – *Aliás, este negócio é ainda nulo por simulado quando os celebrantes agiram concertadamente, sem uma real von-*

tade de realizar a compra e venda, mas sim de inviabilizarem a execução especifica a favor de outrem, o promitente comprador.

III – *O promitente-vendedor que age da forma referida e litiga contra a verdade dos factos que praticou, litiga com má fé.*

2 – AC. REL. COIMBRA, DE 88/11/08 (CJ, ANO XIII, TOMO 5, 71)

I – *O objecto de contrato-promessa não é o contrato prometido, mas a obrigação de o celebrar. Do contrato-promessa deriva apenas a obrigação de os promitentes emitirem as correspondentes declarações de vontade.*

II – *Celebrado o contrato prometido tem de considerar-se cumprido o contrato-promessa, não podendo qualquer dos promitentes exigir o cumprimento de qualquer cláusula do contrato-promessa não incluída no contrato prometido.*

III – *Não se pedindo a anulação do contrato prometido, é ele que vigora, e não o contrato-promessa.*

3 – AC. REL. LISBOA, DE 88/06/30 (CJ, ANO XIII, TOMO 3, 170)

I – *É legalmente possível um contrato-promessa de partilha de património colectivo.*

II – *Um contrato-promessa de partilha de bens é susceptível de execução específica.*

4 – AC. REL. COIMBRA, DE 87/10/13 (CJ, ANO XII, TOMO 4, 77)

I – *A circunstância de a venda do objecto prometido só poder ter lugar com intervenção doutras pessoas, não acarreta a nulidade do contrato-promessa de compra e venda desse objecto.*

II – *Para a celebração do contrato de compra e venda prometido, sendo a promessa sem prazo certo, basta a interpelação extrajudicial.*

III – *O pedido de condenação do promitente-vendedor à indemnização tem implícita a resolução do contrato, o que não sucede se houver simples mora.*
IV – *O devedor falta culposamente ao cumprimento, não só quando a prestação se torna inviável, mas também quando a sua realização é incontrolável por vontade do devedor.*

5 – AC. STJ, DE 86/03/13 (BMJ 355, 367)

I – *O art. 22.° da Lei n.° 77/77, de 29 de Setembro, constitui norma imperativa, por impor certa obrigação, e proibitiva, por obrigar a uma certa abstenção: desde que uma pessoa seja já proprietária de área máxima de terra que a lei lhe consente, não pode ser proprietária, na zona de intervenção, de qualquer outra parcela que exceda aquela área.*
II – *Um negócio efectuado em tais condições será nulo, por ter objecto contrário à lei (art. 280.°), e ser celebrado contra disposição legal de carácter imperativo (art. 294.°), ambas as disposições do Cód. Civil.*
III – *Por impossibilidade legal, não pode o beneficiário de uma área de reserva, concedida ao abrigo da Lei n.° 77/77, adquirir qualquer parcela de terra, na mesma zona, por negócio jurídico, nomeadamente por compra, que, a realizar-se, será nulo.*
IV – *Sendo nulo um contrato (prometido) celebrado em tais circunstâncias, nulo é, também, o respectivo contrato-promessa, extinguindo-se, assim, as obrigações dos promitentes contratantes, por as prestações se tornarem impossíveis, por causa que lhes não é imputável (art. 790.°, n.° 1, do Cód. Civil).*
V – *Assim, se por extinção da obrigação, o réu não pode cumprir o contrato, não poderá o autor, pela execução específica, conseguir a eficácia de uma declaração negocial que a lei fulmina com a nulidade.*

6 – AC. REL. LISBOA, DE 82/04/27 (CJ, ANO VII, TOMO 2, 189)

I – *Inserida num contrato-promessa de compra e venda uma cláusula nos termos da qual o promitente-vendedor assumiu a obrigação de entregar a coisa ao promitente-comprador, esta obrigação é estranha ao contrato e à essência dele.*

II – *Tal declaração negocial configura um negócio jurídico de outra espécie, por força do qual o primeiro cedeu ao último até à celebração do contrato prometido ou à resolução ou caducidade do contrato-promessa, a coisa que se prometeu vender mas sem conferir posse em nome próprio.*

7 – AC. REL. LISBOA, 90/01/18 (CJ, ANO XV, TOMO 1, 1419)

I – *Há incumprimento culposo do contrato-promessa de compra e venda de prédio a construir, se as obras estão condicionadas por factores que o promitente-vendedor não pode controlar, como é o caso de vultuosas despesas públicas em infra-estruturas e na construção de uma ponte.*

II – *Resolvido o contrato-promessa por haver incumprimento definitivo, a cláusula penal indemnizatória de 6% sobre as quantias a restituir, prevista para a falta de cumprimento, deve funcionar a partir do tempo em que se previa a efectivação da escritura.*

8 – AC. REL. COIMBRA, 87/10/20 (CJ, ANO XII, TOMO 4, 87)

I – *A resolução do contrato (art. 801.º, n.º 2 do Cód. Civil.) só tem lugar se a prestação se tornar impossível por culpa do devedor, impossibilidade que não se verifica nas obrigações pecuniárias.*

II – *Se as partes convencionarem expressamente uma taxa de juro que correspondia na altura ao juro legal, a alteração deste não permite a actualização dos juros para a nova taxa fixada, sem demonstração de que a vontade das partes foi a de se remeterem para o juro legal.*

2. O SINAL

O artigo 441.º, do Código Civil[71], presume que tem carácter de sinal toda a quantia entregue pelo promitente-comprador ao promitente-vendedor, ainda que a título de antecipação ou princípio de pagamento do preço.

Em geral, poder-se-á dizer que o sinal tem carácter de *sinal confirmatório* se é clausulado para *selar* a promessa, garantindo ou

---

[71] Artigo 441.º (Contrato-promessa de compra e venda): "No contrato-promessa de compra e venda presume-se que tem carácter de sinal toda a quantia entregue pelo promitente-comprador ao promitente-vendedor, ainda que a título de antecipação ou princípio de pagamento do preço".

Artigo 442.º (Sinal): "1. Quando haja sinal, a coisa entregue deve ser imputada na prestação devida, ou restituída quando a imputação não for possível.

2. Se quem constitui o sinal deixar de cumprir a obrigação por causa que lhe seja imputável, tem o outro contraente a faculdade de fazer sua a coisa entregue; se o não cumprimento do contrato for devido a este último, tem aquele a faculdade de exigir o dobro do que prestou, ou, se houve tradição da coisa a que se refere o contrato prometido, o seu valor, ou o do direito a transmitir ou a constituir sobre ela, determinado objectivamente, à data do não cumprimento da promessa, com dedução do preço convencionado, devendo ainda ser-lhe restituído o sinal e a parte do preço que tenha pago.

3. Em qualquer dos casos previstos no número anterior, o contraente não faltoso pode, em alternativa, requerer a execução específica do contrato, nos termos do artigo 830.º; se o contraente não faltoso optar pelo aumento do valor da coisa ou do direito, como se estabelece no número anterior, pode a outra parte opor-se ao exercício dessa faculdade, oferecendo-se para cumprir a promessa, salvo o disposto no artigo 808.º.

4. Na ausência de estipulação em contrário, não há lugar, pelo não cumprimento do contrato, a qualquer outra indemnização, nos casos de perda do sinal ou de pagamento do dobro deste, ou do aumento do valor da coisa ou do direito à data do não cumprimento.

(Redacção do Dec.-Lei n.º 379/86, de 11-11)

reforçando as obrigações assumidas no contrato, como testemunho ou *prova* de que efectivamente se quer cumprir; terá carácter de *sinal penitencial* quando é constituído como preço de desistência ou de retractação.

Se as partes nada convencionarem acerca do carácter e dos efeitos que atribuem à quantia ou quantias entregues pelo promitente-comprador ao promitente-vendedor, nos termos do referido artigo 441.º, presume-se que têm carácter de sinal e, nos termos do artigo 830.º n.º 2, presume-se que se trata de sinal penitencial.

A distinção assume relevância, não apenas teórico-sistemática e em sede de interpretação da lei.

As partes, com efeito, podem afastar a disciplina do sinal e convencionar outras sanções, indemnizações ou penas, para o caso de incumprimento da promessa.

2.1. Sumários de Jurisprudência

1 – AC. STJ, DE 18-05-99 – IN VIDA JUDICIÁRIA, N.º 30-99 – P. 53

I – *São insindicáveis, quer as alterações da matéria de facto, quer a interpretação do contrato-promessa, operadas pelo Tribunal da Relação.*

II – *Trata-se de um contrato formal em que as respectivas declarações de vontade não podem valer com um sentido que não tenha um mínimo de correspondência no seu texto – art. 238.º do Cód. Civil.*

III – *Sempre que aquele tribunal observa esse mínimo na sua interpretação, não pode o STJ censurar tal interpretação, a menos que se mostrem violados os cânones do n.º 1 do art. 236.º, do Cód. Civil, o que já constitui uma questão de direito.*

IV – *Para despoletar o funcionamento do art. 442.º, do Cód. Civil – apropriação do sinal ou sua restituição em dobro – basta uma situação de simples mora e não de incumprimento definitivo.*

2 – AC. REL. PORTO, DE 80/07/31 (CJ, ANO V, TOMO 4, 281)

Nem a lei proíbe nem se conhecem razões que obstem à constituição de sinal, nos contratos-promessa, por meio de letras de câmbio.

3 – AC. REL. PORTO, DE 87/10/13 (CJ, ANO XII, TOMO 4, 233)

I – *Não tem valor de sinal a entrega de cheques, com datas posteriores, destinados apenas a servir de garantia de pagamento do preço do contrato prometido.*

II – *Do mesmo modo, a simples entrega de cheque, cujo montante não venha a ser recebido, designadamente por falta de provisão, não equivale à garantia, para efeito de constituição de sinal.*

4 – AC. REL. LISBOA, DE 87/06/02 (CJ, ANO XII, TOMO 3, 108)

I – *A quantia entregue pelo promitente-comprador ao promitente-vendedor, no acto da celebração do contrato-promessa, tem carácter de sinal, ainda que corresponda ao montante do preço acordado.*

II – *A resolução do contrato-promessa e as sanções da perda do sinal ou da sua restituição em dobro só têm lugar no caso de inadimplemento definitivo do mesmo contrato.*

III – *O mero interesse subjectivo do promitente-comprador em não outorgar o negócio prometido por inobservância do prazo estabelecido não integra um caso de falta de interesse para efeitos do art. 808.º do Cód. Civil.*

5 – AC. STJ, DE 86/06/11 (BMJ 358, 488)

I – *A distinção entre os casos de constituição de sinal e os de mera antecipação do cumprimento dos contratos-promessa envolve um problema de pura interpretação da vontade dos contraentes. Daí que está convencionado um preço certo a pagar em periódicas prestações, escalonadas de modo a revestirem, sucessivamente, a natureza de antecipação, princípio e integração do pagamento do preço, se na preparação do acordo ficou clarificado que o promitente-comprador não aceitou que as prestações antecipadas do preço revestissem a natureza do sinal e se as partes convencionaram a execução específica do contrato, não compatível com a sanção indemnizatória de um pretenso sinal, tanto basta para afastar a presunção "juris tantum" do art. 441.º do Cód. Civil.*

II – *Estipulado que o pagamento do termo do preço se efectuaria no prazo máximo de 180 dias posteriores à assinatura da promessa, "se entretanto o imóvel não estivesse concluído por facto imputável ao promitente-vendedor", não está o promitente-comprador obrigado ao pagamento da referida fracção do preço no fim do citado prazo, se a não conclusão do imóvel se ficou a dever a facto imputável à promitente-vendedora.*

III – *Logo, inexistindo mora por parte do promitente-comprador não teria a promitente-vendedora direito à resolução do contrato.*

IV – *Ao resolver o contrato sem fundamento a promitente-vendedora colocou-se na situação de incumprimento definitivo, privando de causa a entrega das prestações do preço recebido, impondo-se-lhe o dever de restituir tais prestações – arts. 289.º, n.º 1 e 801.º, n.º 2, do Cód. Civil.*

V – *Pelo seu incumprimento culposo, pois por sua acção não satisfez a prestação a que se obrigara e, por causa imputável a si, impossibilitou o promitente-comprador de obter execução específica, constituiu-se na obrigação de indemnizar o prejuízo causado a este – art. 789.º do Cód. Civil, o qual se afere pela diferença entre o preço estipulado no contrato-promessa e o preço correspondente ao valor de prédio semelhante que o substituísse.*

6 – AC. STJ, DE 84/01/31 (BMJ 333, 448)

A impossibilidade culposa de cumprimento, imputável à promitente-vendedora, em contrato-promessa de compra e venda, fá-la incorrer na responsabilidade cominada no art. 801.º do Cód. Civil, sendo obrigada a restituir à promitente-compradora o dobro do sinal recebido (arts. 441.º e 442.º daquele código).

7 – AC. REL. LISBOA, DE 82/12/07 (CJ, ANO VII, TOMO 5, 126)

Uma letra de câmbio pode funcionar como sinal e princípio de pagamento em contrato-promessa de compra e venda.

8 – AC. STJ, DE 85/05/02 (BMJ 347, 370)

I – *Havendo um adiantamento precipitado e abusivo de quantia em dinheiro a sinalizar um contrato-promessa que ano estava ainda pactuado e concertado, a entrega de tal quantia não tem justificação legal.*

II – *Tal situação é directamente contemplada nas regras do enriquecimento sem causa – de aplicação subsidiária nos termos do art. 474.º do Cód. Civil vigente – uma vez que outro meio não estava facultado ao demandante para recompor o seu património assim desfalcado, dado que não poderia accionar os réus com fundamento na nulidade do contrato que não chegou a ser concretizado.*

9 – AC. REL. LISBOA, DE 86/12/11 (CJ, ANO XI, TOMO 5, 153)

I – *A tradição para o promitente-comprador do objecto do contrato-promessa, confere a este uma posse legítima e não meramente precária – art. 442.º do Cód. Civil, red. Dec.-Lei n.º 236/80, de 18/7.*

II – *A resolução do contrato-promessa bilateral com base em mora só pode produzir-se quando se objectivarem factos ou circunstâncias que revelem que a mora se converteu em não cumprimento definitivo ou que o credor perdeu o interesse que tinha na prestação ou esta não foi realizada no prazo razoavelmente fixado.*

10 – AC. STJ, DE 86/12/10 (BMJ 362, 531)

I – *Provado que o incumprimento de um contrato-promessa de compra e venda de imóvel se verificou em 20 de Outubro de 1980 e que houvera tradição da coisa, é aplicável o regime instituído no n.º 2 do art. 442.º do Cód. Civil, na redacção que lhe deu o art. 1.º do Dec.-Lei n.º 236/80, de 18 de Julho, quanto ao direito ao valor respectivo, por força do disposto nos arts. 2.º e 3.º do mesmo diploma legal.*

II – *Provados na relação factos demonstrativos de que a não celebração de um contrato definitivo de compra e venda de um imóvel ajustado em contrato-promessa se deveu a culpa do promitente-vendedor, não pode o Supremo Tribunal de Justiça concluir de direito diferentemente em recurso de revista.*

III – *Sendo certo, ao tempo do incumprimento a que respeitam os itens anteriores, o valor da coisa referido no item primeiro, a condenação a pagar o seu quantitativo não depende de liquidação posterior à decisão.*

11 – AC. STJ, DE 82/11/18 (BMJ 321, 387)

I – *A perda do sinal a favor do promitente-vendedor é compatível com a subsistência do contrato-promessa quando aquele, face ao incumprimento por parte do promitente- -comprador, optar não necessariamente pela resolução do contrato, mas tão-só pela faculdade de fazer seu o sinal passado.*

II – *A tradição para o promitente-comprador de prédio urbano para habitação, ou de um seu andar, objecto de contrato- -promessa, confere-lhe uma posse legítima e não meramente precária, no domínio de aplicação do art. 242.º do Cód. Civil, na redacção resultante do Dec.-Lei n.º 236/80, de 18 de Julho.*

12 – AC. REL. COIMBRA, DE 81/06/23 (CJ, ANO VI, TOMO 3, 230)

I – *A mora parcial pode envolver a perda do interesse em relação a todo o objecto da obrigação e dar lugar ao incumprimento definitivo da prestação.*

II – *Tendo o comprador recebido pela venda de um automóvel 180 000$00, a que as partes atribuíram o carácter de sinal, o dano negativo determina-se pelo dobro do sinal.*

13 – AC. REL. COIMBRA, 89/01/24 (CJ, ANO XIV, TOMO 1, 44)

I – *O contrato de compra e venda não pode ser resolvido com base na falta de pagamento de preço e este é representado por certa quantia em dinheiro.*

II – *Dizendo-se na escritura que a venda de um prédio é feita por certa quantia e mais dois lotes de terreno, estes não podem considerar-se preço e o contrato é de compra e venda na parte relativa ao preço e no demais de troca.*

III – *À falta de entrega dos lotes é aplicável a causa de resolução do contrato nos termos gerais.*

IV – *O contrato só é resolvido se uma das partes tiver perdido o interesse no cumprimento ou este se tornar impossível.*

14 – AC. STJ, DE 83/02/01 (BMJ 324, 552)

Se do incumprimento do contrato-promessa ano resultarem prejuízos para o promitente-comprador, que posteriormente se desinteressou da realização do negócio pela ausência de perspectiva de lucro fácil e substancial, justifica-se o uso, pelo tribunal, da faculdade prevista no art. 812.º, n.º 1, do Cód. Civil, reduzindo a pena convencional à restituição simples do sinal prestado.

15 – AC. REL. LISBOA 91/02/28 (CJ, ANO XVI, TOMO 1, 169)

I – *"Reserva" e "sinal" não se confundem. Aquela é, apenas, um pré-sinal, significando a disposição de vir a celebrar um contrato promessa onde será clausulado um "sinal".*

II – *Se alguém está mandatado, apenas, para informar o preço do bem a vender e receber quantias a título de "reserva", se celebrar, em* excessus mandatti, *contrato promessa não vincula o dono do negócio que não ratifique este acto.*

16 – AC. REL. LISBOA, DE 87/04/30 (CJ, ANO XII, TOMO 2, 165)

I – *Revogado contrato-promessa de compra e venda, o promitente comprador tem que restituir o objecto do contrato que lhe foi entregue em vista deste.*

II – *O contrato-promessa pode considerar-se revogado por confissão das partes no processo.*

3. A EXECUÇÃO ESPECÍFICA

Nas promessas relativas à celebração de contratos onerosos de transmissão ou constituição de direitos reais sobre edifícios ou fracções autónomas deles, já construídos, em construção ou a construir[72], a faculdade da execução específica é imperativa (não pode ser afastada pelas partes, sendo nula qualquer convenção em contrário[73],

---

[72] Nas restantes promessas, como pode ver-se nos n.ºs 1 e 2 do artigo 830.º, do Código Civil, transcrito, *infra*, em nota de rodapé, as partes podem afastar a execução específica, por convenção expressa ou tácita.

A existência de sinal ou se tiver sido fixada uma pena para o caso de não cumprimento da promessa, significa convenção tácita de afastamento da execução específica, quer dizer, faz presumir convenção contrária à execução específica.

Trata-se, porém, de uma presunção *iuris tantum* de que os promitentes quiseram antecipadamente renunciar ao direito de exigir a execução específica. Presume-se, assim, que o sinal é penitencial. O artigo 441.º, do Código Civil, por sua vez, presume que tem carácter de sinal toda a quantia entregue pelo promitente-comprador ao promitente-vendedor, ainda que a título de antecipação ou princípio de pagamento do preço.

Se, porventura, não foi essa a vontade dos promitentes, o promitente interessado em ilidir a presunção legal, tem o ónus de provar o contrário, isto é, precisa de provar que a vontade dos promitentes não foi no sentido de afastar o direito à execução específica.

Em casos destes, o mais conveniente e aconselhável para evitar procedimentos e dificuldades probatórias é que os promitentes, expressamente, afastem ou consagrem a execução específica.

[73] Artigo 830.º, do Código Civil (Contrato-promessa): "1. Se alguém se tiver obrigado a celebrar certo contrato e não cumprir a promessa, pode a outra parte, na falta de convenção em contrário, obter sentença que produza os efeitos da declaração negocial do faltoso, sempre que a isso não se oponha a natureza da obrigação assumida.

2. Entende-se haver convenção em contrário, se existir sinal ou tiver sido fixada uma pena para o caso de não cumprimento da promessa.

3. O direito à execução específica não pode ser afastado pelas partes nas

haja ou não sinal, haja ou não tradição da coisa – o artigo 830.º n.º 3 não faz distinção).[74]

Explicitando e concretizando um pouco mais, um contrato-promessa de compra e venda de fracção autónoma de prédio urbano no qual não esteja previsto o direito de execução específica, não deixa por isso de lhe ficar sujeito.

---

promessas a que se refere o n.º 3 do artigo 410.º; a requerimento do faltoso, porém, a sentença que produza os efeitos da sua declaração negocial pode ordenar a modificação do contrato nos termos do artigo 437.º, ainda que a alteração das circunstâncias seja posterior à mora.

4. Tratando-se de promessa relativa à celebração de contrato oneroso de transmissão ou constituição de direito real sobre edifício, ou fracção autónoma dele, em que caiba ao adquirente, nos termos do artigo 721.º, a faculdade de expurgar hipoteca a que o mesmo se encontre sujeito, pode aquele, caso a extinção de tal garantia não preceda a mencionada transmissão ou constituição, ou não coincida com esta, requerer, para efeito da expurgação, que a sentença referida no n.º 1 condene também o promitente faltoso a entregar-lhe o montante do débito garantido, ou o valor nele correspondente à fracção do edifício ou do direito objecto do contrato e dos juros respectivos, vencidos e vincendos, até pagamento integral.

5. No caso de contrato em que ao obrigado seja lícito invocar a excepção de não cumprimento, a acção improcede, se o requerente não consignar em depósito a sua prestação no prazo que lhe for fixado pelo tribunal."

[74] Artigo 410.º, do Código Civil ,(Regime aplicável): "1. À convenção pela qual alguém se obriga a celebrar certo contrato são aplicáveis as disposições legais relativas ao contrato prometido, exceptuadas as relativas à forma e as que, por sua razão de ser, não se devam considerar extensivas ao contrato-promessa.

2. Porém, a promessa respeitante à celebração de contrato para o qual a lei exija documento, quer autêntico, quer particular, só vale se constar de documento assinado pela parte que se vincula ou por ambas, consoante o contrato-promessa seja unilateral ou bilateral.

3. No caso de promessa relativa à celebração de contrato oneroso de transmissão ou constituição de direito real sobre edifício, ou fracção autónoma dele, já construído, em construção ou a construir, o documento referido no número anterior deve conter o reconhecimento presencial da assinatura do promitente ou promitentes e a certificação, pelo notário, da existência da licença respectiva de utilização ou de construção; contudo, o contraente que promete transmitir ou constituir o direito só pode invocar a omissão destes requisitos quando a mesma tenha sido culposamente causada pela outra parte."

(Redacção do Dec.-Lei 379/86, de 11-11)

E significa também que, tendo mesmo sido clausulado nesse contrato que as partes renunciam antecipadamente ao direito de exigir a execução específica, isso não obsta nem impede o exercício desse direito de execução específica, uma vez que nenhuma eficácia pode ter uma cláusula nesse sentido.

Em qualquer caso, portanto, o promitente não faltoso não fica impedido de recorrer à execução específica só pelo facto de esta não ter sido convencionada ou de ter sido clausulada a renúncia prévia à mesma.

Por outro lado, sendo o direito de execução específica uma faculdade do promitente não faltoso, este só lançará mão dela, se entender dever fazê-lo (e se a prestação ainda for possível[75]).

Como alternativa à execução específica, depois da conversão da simples mora em incumprimento definitivo mediante a interpelação admonitória prevista no artigo 808.º, do Código Civil, a resolução do contrato confere ao credor uma compensação indemniza-

---

[75] J. C. BRANDÃO PROENÇA, *Do Incumprimento,* cit., p. 36 e segs. considera que a execução específica é inviável em situações como as seguintes:

– Perda, destruição, ou transformação, total ou significativa, voluntária ou involuntária da coisa (mesmo após a mora);

– Recusa de consentimento do cônjuge capaz não vinculado;

– Recusa do proprietário do bem prometido vender, face à obrigação assumida pelo promitente-vendedor de que aquele venderia a coisa ao promitente--comprador;

– Alienação ou oneração do bem prometido vender (em promessa destituída de «eficácia real»);

– Sempre que o contrato incida sobre bens ainda não existentes (que estejam a ser construídos ou de que exista um simples projecto);

– Sempre que o contrato incida sobre coisas genéricas ou alternativas (a sentença não funcionaria como título translativo, na ausência do acto de individualização);

– Sempre que o requerente não consignar em depósito a sua prestação, no prazo que lhe for fixado pelo tribunal (artigo 830.º, 5 do Código Civil.);

– Quando se mostrar «inconveniente» (para o promitente-comprador, para a massa falida ou insolvente);

– Quando tiver sido penhorado o bem;

– Quando tiver sido declarada a falência ou insolvência de qualquer dos promitentes.

tória (nos termos dos artigos 441.º, 442.º e 830.º) aferida pelo sinal (penitencial), pela cláusula penal ou pela quantia fixada como preço do *jus poenitendi*.

Assim, será a perda só o sinal ou a restituição do sinal em dobro (se houve sinal [76]), ou outra indemnização pelo incumprimento (se houve convenção indemnizatória [77]); tendo havido tradição da coisa *(traditio rei)*, pode optar pelo aumento do valor da coisa acrescido do sinal e da parte do preço que tenha pago.

Nesta hipótese, o credor goza do direito de retenção pelo crédito resultante do não cumprimento imputável à outra parte (artigo 755.º n.º 1, al. *f*)).

O artigo 830.º prevê, através do direito de execução específica, que o credor obtenha por sentença o mesmo resultado que obteria se a promessa fosse cumprida, isto é, a decisão do tribunal produz os efeitos da declaração do faltoso, independentemente e mesmo contra a vontade deste.

Sobre outros aspectos relacionados com a execução específica, nomeadamente sobre pedidos cumulativos, acessórios e subsidiários susceptíveis de serem formulados na acção de execução específica, ver a seguir, o ponto 4..

3.1. Sumários de jurisprudência

1 – AC. REL. COIMBRA, DE 12/05/98 – IN COL. JUR.,98 – TOMO III, P. 13

I – *Constando do clausulado de um contrato-promessa de compra e venda que a respectiva escritura será outorgada "logo que o promitente-comprador o exija e tal seja possível", só se pode falar em mora depois da escritura ter sido marcada (o que, indistintamente, qualquer um*

---

[76] Se o contrato-promessa não foi sinalizado e não existe qualquer acordo convencional sobre a indemnização devida pelo incumprimento, então, esta deverá ser calculada segundo as regras gerais.

[77] Não está coarctada às partes a autonomia de quererem fixar um montante indemnizatório diferente do previsto no artigo 442.º, 3, primeira parte.

dos promitentes pode fazer) e a ela não ter comparecido, sem justificação, um dos promitentes.

II – *E, evidentemente, só depois de tal falta não justificada o promitente que haja comparecido poderá, caso nisso tenha interesse, interpelar o faltoso para cumprir, em certo prazo, sob pena de incumprimento definitivo imputável ao faltoso e da consequente resolução contratual.*

III – *Assim, a notificação judicial, feita pelo promitente-comprador ao promitente-vendedor, para este, "no prazo de sessenta dias, lhe fornecer na sua residência os documentos necessários à marcação da escritura, sob pena de, não o fazendo, se haver por resolvido o contrato-promessa" é insusceptível de fazer incorrer em mora o promitente--vendedor.*

2 – AC. REL. ÉVORA, DE 89/05/18 (CJ, ANO XIV, TOMO 3, 271)

I – *O contrato-promessa, como obrigacional que é, mesmo que vise a alienação, oneração ou locação de estabelecimento comercial, não exige a intervenção dos dois cônjuges. Ao subscrever esse contrato, o promitente obriga-se a emitir a declaração negocial prometida e, pelo menos a usar da diligência necessária para conseguir o consentimento do seu cônjuge.*

II – *Pela execução específica pretende obter-se sentença constitutiva que produza os efeitos da declaração negocial. Assim, a execução específica não tem cabimento quando a ela se oponha a natureza da obrigação assumida.*

III – *É o que acontece quando feita promessa de cessão de estabelecimento por um só dos cônjuges, o consorte que se não obrigou se recusa a outorgar a subsequente escritura.*

IV – *Tendo-se o promitente obrigado a obter a outorga conjugal, para ser celebrada a escritura pública de trespasse, o que conseguiu, mas depois, ambos se tendo recusado a assinar essa escritura, invocando desconformidade entre esta e o constante do respectivo contrato-promessa o que não previam, deixaram de cumprir, culposamente, a obrigação assumida, o que determina a sua condenação em indemnização, a liquidar em execução de sentença.*

3 – AC. REL. LISBOA, DE 89/02/23 (CJ, ANO XIV, TOMO 1, 133)

I – *Em contrato-promessa de compra e venda, despido de eficácia real, a venda do objecto do contrato a terceiro impede a execução específica deste.*

II – *O facto de o registo da acção ter precedido o registo da venda a terceiro não tem qualquer relevância para efeitos de execução específica por não ser constitutivo de qualquer direito substantivo sobre a coisa.*

4 – AC. REL. LISBOA, DE 86/12/11 (CJ, ANO XI, TOMO 5, 145)

I – *No contrato-promessa de compra e venda não é de considerar qualquer flutuação do valor da moeda dentro dos riscos do contrato, mas tão-só aquelas flutuações que estejam dentro da normalidade da vida económico-social que não relevam face ao princípio da estabilidade dos contratos.*

II – *O art. 437.° do Cód. Civil prevê alteração das circunstâncias em que as partes fundaram a sua decisão de contratar, que tenham sofrido uma alteração anormal, afectando gravemente o princípio da boa fé a manutenção do contrato; que a situação advinda da alteração não se encontre abrangida pelos riscos próprios do contrato, inexistindo mora por parte do lesado.*

III – *Não se aplica aquele art. quando as partes previram a inalterabilidade do preço até à licença de habitabilidade e o imóvel não se encontra construído, apesar de ultrapassado o prazo judicialmente fixado para a celebração da escritura pública.*

5 – AC. REL. PORTO, DE 89/06/08 (CJ, ANO XIV, TOMO 3, 214)

I – *O tempo de cumprimento do contrato-promessa constitui estipulação acessória e, como tal, não sujeita a qualquer requisito de forma.*
II – *Não é admissível prova testemunhal relativamente a tal estipulação acessória.*
III – *Sanada a nulidade da admissão da prova testemunhal, não podem ser consideradas as respostas aos quesitos baseadas nos depoimentos das testemunhas.*
IV – *Basta a simples mora para desencadear a sanção prevista no n.° 2 do art. 442.° do Cód. Civil.*

6 – AC. REL. PORTO, DE 89/03/09 (CJ, ANO XIV, TOMO 2, 195)

I – *O incumprimento de contrato-promessa não pode provocar a consequência de, só por si, determinar a possibilidade da execução específica, tornando-se necessário averiguar se houve incumprimento susceptível de a justificar.*
II – *Existindo cláusula penal relativa à não entrega da fracção na data acordada, não podem os AA. pedir outra indemnização pelos prejuízos daí resultantes.*

7 – AC. REL. LISBOA, DE 88/01/07 (CJ, ANO XIII, TOMO 1,105)

I – *Estipulando-se, no contrato-promessa de compra e venda de fracção autónoma, a sua alienação sem quaisquer ónus ou encargos, mas subsistindo uma hipoteca constituída pelo promitente-vendedor na data marcada para a escritura, não são os promitentes-compradores responsáveis pelo incumprimento.*
II – *Tratando-se de ónus que pode ser expurgado, não se verifica impossibilidade definitiva na realização de uma das prestações, e não têm os promitentes-compradores obrigação de indemnizar.*

8 – AC. STJ, DE 87/11/10 (BMJ 371, 414)

　　I – *Se o prazo fixado num contrato-promessa para a celebração de escritura de compra e venda não era essencial ou necessário, ultrapassado aquele período de tempo não se seguia automaticamente o direito do promitente-vendedor a resolver o contrato.*

　　II – *Não é caso de recurso ao tribunal, quando a determinação do prazo for deixada, ao credor (contraente-cumpridor) e este (promitente-comprador) usou desta faculdade, marcando data e local para a outorga da escritura.*

　　III – *Em qualquer caso, haja ou não sinal, haja ou não cláusula penal, se alguém se tiver obrigado a celebrar certo contrato e não cumprir a promessa, pode a outra parte, desde que a isso não se oponha a natureza da obrigação assumida, obter sentença que produza os efeitos da declaração negocial do faltoso.*

9 – AC. REL. LISBOA, DE 87/06/02 (CJ, ANO XII, TOMO 3, 108)

　　I – *A quantia entregue pelo promitente-comprador ao promitente-vendedor, no acto da celebração do contrato-promessa, tem carácter de sinal, ainda que corresponda ao montante do preço acordado.*

　　II – *A resolução do contrato-promessa e as sanções da perda do sinal ou da sua restituição em dobro só têm lugar no caso de inadimplemento definitivo do mesmo contrato.*

　　III – *O mero interesse subjectivo do promitente-comprador em não outorgar o negócio prometido por inobservância do prazo estabelecido não integra um caso de falta de interesse para efeitos do art. 808.º do Cód. Civil.*

10 – AC. REL. LISBOA, DE 87/05/28 (CJ, ANO XII, TOMO 3, 97)

　　I – *O não cumprimento, pressuposto da execução específica do contrato-promessa (art. 830.º do Cód. Civil), é a simples constituição em mora.*

II – *Se as partes não estabelecerem qualquer prazo para a celebração do contrato prometido (compra e venda de fracção urbana) limitando-se a dispor que a escritura só poderia ser realizada depois da conclusão do edifício e da submissão deste ao regime de propriedade horizontal, qualquer delas, verificados estes pressupostos, poderá exigir o cumprimento da obrigação, recorrendo para o efeito à interpelação judicial ou extrajudicial.*

III – *Quando as partes nada dispuserem sobre quem deveria fixar o prazo para a celebração do contrato prometido, é de presumir que qualquer delas o poderia fazer, sem necessidade de recurso ao tribunal.*

IV – *Celebrado o contrato-promessa em época caracterizada por elevadas taxas de inflação anuais e sendo de prever que o contrato prometido não poderia ser celebrado antes de decorridos muitos meses, o facto de os efeitos da inflação se continuarem a fazer sentir, porventura, até de forma mais gravosa do que a eventualmente prevista, não constitui alteração de circunstancias relevantes para efeitos do art. 437.° do Cód. Civil.*

11 – AC. REL. COIMBRA, DE 83/10/08 (CJ, ANO VIII, TOMO 5, 36)

I – *Tendo os autores prometido vender um andar dum prédio seu, aos réus, os quais, entretanto, pagaram integralmente o seu preço e passaram a ocupá-lo, improcede o pedido reivindicatório, visto os demandados gozarem, dado o incumprimento do contrato, do direito de retenção.*

II – *Não sendo possível a realização coactiva da prestação através da execução específica, em virtude de o edifício não preencher todos os requisitos – designadamente os respeitantes ao acatamento dos regulamentos municipais – a que a lei subordina a propriedade horizontal fica o prédio, na procedência do pedido subsidiário reconvencional, sujeito ao regime de compropriedade correspondente ao valor, fixada a quota da fracção a determinar por meio de arbitramento.*

12 – AC. REL. LISBOA, DE 81/10/09 (CJ, ANO VI, TOMO 4, 105)

I – *Aquele que detém um imóvel por simples tolerância (expressa por mero acordo verbal com o proprietário) antes de efectuada a transmissão daquele para si, não tem título legítimo de posse susceptível de ser oposto ao pedido de reivindicação feito pelo referido proprietário.*

II – *Em acção em que apenas se reivindique a propriedade do bem prometido vender, que se encontre na posse do promitente-vendedor, e se não peça simultaneamente a resolução do contrato-promessa de compra e venda, é inviável o pedido de condenação do promitente-comprador na perda do sinal já recebido.*

13 – AC. REL. LISBOA, 87/03/19 (CJ, ANO XII, TOMO 2, 142)

I – *Ficando a cargo da instituição bancária que vai conceder o empréstimo pedido pelo promitente-comprador a marcação da data da escritura de compra e venda, a boa fé impõe ao promitente-comprador fornecer, em tempo reputado normal, os elementos necessários para a concessão do crédito.*

II – *Sendo o prazo concedido a favor do promitente-comprador, não pode o promitente-vendedor interpelar directamente aquele para a escritura, devendo antes recorrer ao pedido de fixação judicial de prazo.*

III – *Só após o desrespeito daquele prazo pelo promitente--comprador, poderá o promitente-vendedor fixar um prazo razoável para a celebração da escritura, sob pena de se considerar definitivamente incumprida a obrigação.*

IV – *O pedido de execução específica formulado pelo, promitente-comprador improcede se não se provar incumprimento pela outra parte.*

V – *Este pedido também não pode proceder se o promitente-
-comprador não fez o depósito do preço ainda não pago,
não sendo lícito proferir sentença em que se declare a
execução específica condicionada à futura realização do
depósito.*

VI – *Havendo tradição da coisa em consequência do contrato-promessa, o promitente-vendedor não pode, embora
ainda seja seu dono, reivindicá-lo enquanto o contrato
não for resolvido.*

14 – AC. REL. LISBOA, DE 90/02/05 (CJ, ANO XV, TOMO 2, 278)

I – *A acção destinada a obter a execução específica de um
contrato-promessa de compra e venda de imóvel, desprovido de eficácia real, não tendo por fim o reconhecimento,
constituição, modificação ou extinção de um direito de
propriedade, mas a sua transmissão do promitente-vendedor para o promitente-comprador, não é de considerar
na alínea a) do n.° 1 do art. 2.° do Cód. do Registo
Predial.*

II – *O registo dessa acção é de todo irrelevante, não gozando,
por isso, de qualquer eficácia relativamente ao terceiro
adquirente, ainda que o registo de aquisição seja posterior aquele.*

15 – AC. REL. LISBOA, DE 88/06/30 (CJ, ANO XIII, TOMO 3, 170)

I – *É legalmente possível um contrato-promessa de partilha
de património colectivo.*

II – *Um contrato-promessa de partilha de bens é susceptível
de execução específica.*

16 – AC. STJ, DE 87/11/26 (BMJ 371, 448)

*Tendo sido acordado entre as partes contratantes de um con-
trato-promessa, a liberdade de nomeação, pelo réu, de um
terceiro contratante de um contrato definitivo (não se tendo*

obrigado o réu a vir a ser ele um dos signatários do contrato definitivo, mas sim esse terceiro), verifica-se a oposição – prevista pelo n.º 1 do art. 830.º do Cód. Civil – da natureza da obrigação assumida, motivo de exclusão da execução específica.

17 – AC. REL. PORTO, DE 87/01/06 (CJ, ANO XII, TOMO 1, 191)

I – *A celebração de um contrato-promessa de venda de um imóvel comum por um só dos cônjuges, sem eficácia real, mas com entrega do imóvel é, em princípio insusceptível de execução específica.*

II – *Essa insusceptibilidade de execução específica só se verifica enquanto estiver em colisão com a exigência de consentimento de ambos os cônjuges e, por isso, enquanto semelhante situação não perdurar por mais dos 6 meses ou dos 3 anos previstos no art. 1687.º, n.º 3, do Cód. Civil.*

18 – AC. STJ, DE 83/03/15 (BMJ 325, 561)

O promitente-comprador pode fazer declarar o não cumprimento definitivo, por banda dos promitentes-vendedores, antes do momento em que o contrato devia ser cumprido, para obter a execução específica do contrato prometido.

19 – AC. REL. COIMBRA 92/03/24 (CJ, ANO XVII, TOMO 2, 146)

I – *O pedido do promitente-comprador de condenação do promitente-vendedor a pagar-lhe o valor da coisa, objecto do contrato, nos termos do art. 442.º n.º 2 do Cód. Civil, e a reconhecer-lhe o direito de retenção dessa coisa pelo referido crédito (art. 755.º n.º 1 f)) baseia-se no imcumprimento definitivo e culposo do contrato pelo promitente-vendedor e tem como pressuposto a resolução do contrato.*

II – *Só a mora, e não o incumprimento definitivo, dá direito ao contraente não faltoso de requerer a execução específica do contrato, nos termos do art. 830.° do Cód. Civil.*

20 – AC. REL. PORTO 92/06/11 (CJ, ANO XVII, TOMO 3, 308)

I – *O sentido e alcance de um pedido deve procurar-se não apenas nos dizeres expressos do mesmo, mas também no conjunto da petição inicial.*
II – *O mecanismo da execução específica do art. 830.° do Cód. Civil só se pode desencadear desde que haja mora no cumprimento.*

21 – AC. REL. LISBOA 92/O7/07 (CJ, ANO XVII, TOMO 4, 292)

I – *Não pode ser objecto de execução específica um contrato-promessa sem eficácia real se o promitente transmite entretanto a terceiro a coisa prometida.*
II – *A execução específica só tem lugar no caso de simples mora.*
III – *Nada tendo sido convencionado quanto à celebração do contrato prometido, a interpelação a fazer nesse sentido há-de conter o dia, hora e local para a escritura.*

22 – AC. REL. LISBOA DE 91/07/04 (BMJ 409, 860)

Só a mora do réu é compatível com a execução específica do contrato-promessa.

23 – AC. REL. COIMBRA DE 91/10/08 (BMJ 410, 887)

É possível a execução específica de um contrato-promessa de partilha dos bens comuns do casal, celebrado antes da propositura da acção de divórcio por mútuo consentimento entre as partes, quando um dos cônjuges se recusar a cumprí-lo, verificando-se simples mora do contraente faltoso.

24 – AC. STJ DE 91/11/14 (BMJ 411, 544)

I – *A execução específica não é, em princípio, inviabilizada, se o contrato-promessa é omisso em relação a alguns pontos do contrato prometido.*

II – *Com efeito, o contrato para pessoa a nomear é definitivo entre as partes, mas a pessoa a nomear ou que seja nomeada, não é parte do contrato-promessa porque a nenhuma promessa se obrigou.*

III – *É de salientar que, no contrato para pessoa a nomear, o outorgante apenas se reserva o direito de nomear um terceiro, conferindo-se a si próprio uma faculdade.*

25 – AC. STJ 1993/06/17 (CJ, ANO I, TOMO II, 156)

I – *A obrigação do promitente vendedor é transmissível aos seus herdeiros.*

II – *Sendo o objecto do contrato prometido bem comum do casal não é possível o exercício de execução específica se a mulher não se obrigou conjuntamente com o marido – promitente-vendedor – e nada se alegou na acção a fundamentar a aceitação por ela do acordado no contrato-promessa.*

26 – AC. REL. LISBOA 1993/02/04 (CJ, ANO XVIII, TOMO I, 132)

No caso de promessa de venda de bens imóveis comuns feita pela mulher sem consentimento do marido a execução específica é impraticável, pois não cabe ao tribunal, na sentença, substituir o cônjuge estranho ao contrato-promessa.

27 – AC. REL. PORTO 1993/01/05 (CJ, ANO XVIII, TOMO I, 197)

I – *Celebrado em 25/2/80, contrato-promessa de compra e venda de direito a herança indivisa e de 1/4 de cada um dos quatro prédios, verificado o seu incumprimento pelos promitentes vendedores em 27-1-89, o regime aplicável é o dos arts. 442.° e 830.° do Cód. Civil, na sua versão original.*

II – *Por isso, a promitente-compradora, tendo entregue 50 contos, a título de antecipação de preço, no acto da celebração do contrato-promessa, não pode exigir a execução específica da promessa de venda do direito à herança indivisa.*

III – *E relativamente à promessa de venda das fracções dos prédios, não pode exigir dos promitentes-vendedores mais do que a devolução do sinal em dobro.*

28 – AC. REL. PORTO 1993/01/19 (CJ, ANO XVIII, TOMO I, 203)

I – *A mora do devedor só dá ao credor o direito a resolver o contrato, por incumprimento definitivo, no caso de perda do seu interesse na prestação, ou no caso de esta não poder ser realizada dentro do prazo que razoavelmente for fixado pelo credor.*

II – *Se o promitente comprador pediu judicialmente a resolução do contrato, por incumprimento do promitente vendedor, mas não obteve ganho de causa por se ter verificado que não perdera o interesse no contrato prometido, não fica ele por isso impedido de, em acção própria, pedir a execução específica.*

29 – AC. REL. LISBOA 1993/06/17 (CJ, ANO XVIII, TOMO III, 132)

I – *O pressuposto da execução específica de um contrato-promessa, não é o incumprimento definitivo, mas sim, a mora.*

II – *O acordo através do qual alguém promete vender e outrém promete comprar um prédio e, simultaneamente, aquele se compromete a entregar, a este, o prédio antes da celebração da compra e venda, desdobra-se em 2 contratos: a promessa de compra e venda é um contrato inominado; a mora no cumprimento deste contrato não acarreta, sem mais, mora no cumprimento da promessa.*

30 – AC. STJ 1992/12/02 (BMJ 422, 335)

I – *O preceito do n.° 5 do art. 830.° do Cód. Civil, na redacção do Dec.-Lei n.° 397/86, de 11 de Novembro, tem o propósito de assegurar, na acção de execução específica, o oportuno funcionamento da excepção de não cumprimento do contrato prevista e regulada nos arts. 428.° e seguintes do mesmo código.*

II – *Assim, requerendo o promitente-comprador a execução específica contra o promitente-vendedor, como ocorreu nos autos pela via do pedido reconvencional, devia aquele consignar em depósito a parte do preço ainda em dívida antes de, em primeira instância, o juiz proferir sentença, sob pena de a acção improceder independentemente do mérito da causa, não sendo, pois admissível a prolacção de uma decisão condicional.*

III – *O direito potestativo previsto no art. 432.° do Cód. Civil somente pode ser exercido pela parte adimplente ou não inadimplente.*

IV – *A mora do devedor não permite, em regra, a imediata resolução do contrato, sendo necessário que se transforme em não cumprimento definitivo, nos termos do art. 808.° do Cód. Civil, ou mediante a perda do interesse do credor, a apreciar objectivamente, ou em consequência da inobservância do prazo suplementar e peremptório que o credor fixe razoavelmente ao devedor.*

V – *Mas a sanção prescrita no n.° 2 do art. 442.° do Cód. Civil, na redacção anterior ao Dec.-Lei n.° 379/86, que permite ao promitente-vendedor fazer seu o sinal recebido e ao promitente-comprador exigir o dobro do sinal prestado, pressupõe uma situação de incumprimento definitivo, dado que à mora só pode corresponder a obrigação de indemnizar o dano moratório, de harmonia com o disposto no n.° 1 do art. 804.° do mesmo código.*

31 – AC. REL. COIMBRA 1993/10/19 (BMJ 430, 525)

É legalmente admissível o contrato-promessa de partilha do único bem imóvel do casal (celebrado na "sequência de divórcio por mútuo consentimento que corre termos no tribunal"), podendo ser convencionada a possibilidade de execução específica.

32 – AC. REL. COIMBRA 1993/10/19 (BMJ 430, 526)

A promessa de venda de bens imóveis comuns feita pelo marido sem o consentimento da mulher, embora seja válida, não é susceptível de execução específica.

33 – AC. STJ ACÓRDÃO N.º 4/98, DR, I-A, 1998-12-18

A execução específica do contrato-promessa sem eficácia real, nos termos do art. 830.º do Cód. Civil, não é admitida no caso de impossibilidade de cumprimento por o promitente-vendedor haver transmitido o seu direito real sobre a coisa objecto do contrato prometido antes de registada a acção de execução específica, ainda que o terceiro adquirente não haja obtido o registo da aquisição antes do registo da acção; o registo da acção não confere eficácia real à promessa.

34 – AC. REL. PORTO BMJ 447, 564 1995-05-15

I – *O caso julgado constituído pela sentença de execução específica do contrato-promessa do promitente comproprietário relativa à totalidade de um andar, é inoponível ao comproprietário que não interveio na acção, podendo a declaração de venda do andar ser convertida, verificados os requisitos legais, em declaração de venda da quota-parte do promitente e reduzida a esta.*

II – *Enquanto não tiver lugar a conversão ou a redução, não existe a compropriedade entre o comproprietário não interveniente na acção de execução específica e o terceiro.*

4. INCUMPRIMENTO DO CONTRATO

O incumprimento[78] do contrato-promessa ocorre, em regra, com o vencimento da obrigação de cumprir e pode ter a ver com situações bastante diversas, como as seguintes[79]:
 – de violação do contrato[80]
 – de violação sintomática de cláusulas contratuais originárias ou introduzidas adicionalmente (por exemplo, relativas ao reforço do sinal ou à prestação do preço, à não entrega do imóvel, à não apresentação do projecto de construção, à omissão da requisição de documentos necessários, à não libertação de encargos pendentes ou à falta de aquisição a terceiro de parte do prédio prometido vender)
 – de declaração categórica e inequívoca de incumprimento
 – de recusa definitiva de cumprimento
 – de mora (eventualmente convertível em incumprimento definitivo, mas podendo ainda originar uma impossibilidade de cumprimento, por violação ou penhora do bem)
 – de impossibilidade de cumprimento (desde que exista um prazo absolutamente fixo).

Certos contratos-promessa não poderão comportar atrasos, mercê por exemplo, da essencialidade ou da rigidez do termo.

---

[78] Questões relevantes colocam-se a propósito da qualificação a fazer de incumprimento ou de nulidade (por exemplo, por impossibilidade legal do objecto). Se se entender que a aplicação do artigo 442.º, do Código Civil, pressupõe um contrato válido e não cumprido, as consequências de uma nulidade ou de um incumprimento podem ser bastante diferentes.

O mesmo não sucede se se entender que o sinal é uma fixação prévia da indemnização pela frustração do contrato, independentemente da sua causa.

[79] Cfr. J. C. BRANDÃO PROENÇA, *Do Incumprimento,* cit., p. 78 e segs.

[80] Seria o caso, por exemplo, de não ser dado cumprimento a exigências legais atinentes a um loteamento.

Os promitentes fixam como essencial o termo [81], por exemplo, estabelecem um prazo limite improrrogável; ultrapassado este prazo, verifica-se incumprimento definitivo com direito à resolução imediata por parte do credor; ou, noutros casos, os promitentes acordam em que esgotado o prazo improrrogável, o credor pode resolver o contrato ou exigir o cumprimento retardado acrescido de indemnização.

Outras vezes, o termo é essencial pela natureza ou pela modalidade da prestação, tornando-se inútil para o credor uma prestação tardia.

As partes podem também convencionar o direito de resolver o contrato, quando certa e determinada obrigação não seja pontualmente cumprida, incluindo o prazo estipulado no contrato [82].

Se uma das partes não cumpre a obrigação especificada segundo as modalidade estabelecidas, incluindo entre estas o prazo, a outra tem o direito de declarar imediatamente a resolução do contrato, podendo embora, se o preferir, optar por exigir o cumprimento retardado.

Seguidamente daremos exemplos de impossibilidade de cumprimento da promessa por causas estranhas à vontade dos promitentes [83].

Exemplos (numa esfera neutral):

– Eventos naturais
– Furto ou destruição por terceiro
– Anulação da concessão de terrenos
– Expropriação total ou parcial
– Requisição
– Publicação de um diploma legal

Exemplos (esferas de risco dos contraentes):

– Doença
– Insolvência ligada a uma crise económica geral
– Morte do promitente de serviços
– Incêndio do prédio prometido vender

---

[81] Cfr. CALVÃO DA SILVA, *Sinal E Contrato-Promessa*, cit., p. 102.
[82] Cfr. CALVÃO DA SILVA, *Sinal E Contrato-Promessa*, cit., p. 103.
[83] Cfr. J. C. BRANDÃO PROENÇA, *Do Incumprimento,* cit., p. 79 e segs.

4.1. Sumários de jurisprudência

1 – AC. REL. LISBOA, DE 87/03/19 (CJ, ANO XII, TOMO 2, 142)

I – *Ficando a cargo da instituição bancária que vai conceder o empréstimo pedido pelo promitente-comprador a marcação da data da escritura de compra e venda, a boa fé impõe ao promitente-comprador fornecer, em tempo reputado normal, os elementos necessários para a concessão do crédito.*

II – *Sendo o prazo concedido a favor do promitente-comprador, não pode o promitente-vendedor interpelar directamente aquele para a escritura, devendo antes recorrer ao pedido de fixação judicial de prazo.*

III – *Só após o desrespeito daquele prazo pelo promitente--comprador, poderá o promitente-vendedor fixar um prazo razoável para a celebração da escritura, sob pena de se considerar definitivamente incumprida a obrigação.*

IV – *O pedido de execução específica formulado pelo promitente-comprador improcede se não se provar incumprimento pela outra parte.*

V – *Este pedido também, não pode proceder se o promitente--comprador não fez o depósito do preço ainda não pago, não sendo lícito proferir sentença em que se declare a execução específica condicionada à futura realização do depósito.*

VI – *Havendo tradição da coisa em consequência de contrato-promessa, o promitente-vendedor não pode, embora ainda seja seu dono, reivindicá-lo enquanto não for resolvido.*

2 – AC. REL. LISBOA, DE 86/02/27 (CJ, ANO XI, TOMO 1, 107)

I – *No contrato-promessa não há qualquer enriquecimento injustificado, porque sendo aquele contrato de uma prestação de facto, não podem os contraentes atribuir-se o direito à própria coisa prometida vender ou ao seu valor.*

II – *Naquele contrato a lei estabelece qual a indemnização devida pelo seu não cumprimento.*

3 – AC. STJ, DE 85/05/02 (BMJ 347, 375)

I – *Em acção destinada a resolver um contrato-promessa e a pedir a restituição do sinal, a causa de pedir é constituída pelos factos concretos demonstrativos da inexecução culposa da promessa por parte do outro promitente.*
II – *O juiz não modifica a causa de pedir invocada na petição inicial se aprecia e decide a acção com base nos mesmos factos concretos reveladores do inadimplemento culposo, alegados pelo autor, apesar de este ser pressuposto da validade da promessa de uma quota sobre um imóvel e de o juiz, só através da conversão dos negócios (art. 293.° do Cód. Civil), ter reputado válida a promessa e haver decidido que esta incidira sobre aquele imóvel.*
III – *Os arts. 798.°, 801.°, 804.° e 808.° do Cód. Civil, aplicáveis aos contratos em geral, também são de observar quanto ao contrato-promessa.*
IV – *A resolução da promessa e as sanções da perda do sinal ou da sua restituição em dobro (art. 442.° do Cód. Civil) só tem lugar no caso de inadimplemento definitivo da promessa.*
V – *Se houver simples mora da parte de algum dos promitentes, já não se aplica o disposto no art. 442.°, n.° 2 do Cód. Civil, embora o promitente lesado tenha direito a uma reparação pelos danos causados, nos termos gerais do art. 804.° do Cód. Civil.*
VI – *Também no contrato-promessa os dois casos previstos no art. 808.° do Cód. Civil são equiparados ao não cumprimento definitivo.*
VII – *Assim, o mero interesse subjectivo do promitente-vendedor em não outorgar no negócio prometido, devido à inobservância dos prazos estabelecidos, não integra um caso de falta de interesse para efeitos do art. 808.° do*

Cód. Civil, do mesmo modo como não traduz um prazo especial razoável o intervalo de tempo de seis dias concedido ao promitente-comprador, quer para intervir na escritura e se apresentar ao notário com os documentos indispensáveis, quer para reunir as somas em dinheiro necessárias para liquidar o devido à contraparte.

4 – AC. REL. PORTO, DE 85/03/19 (CJ, ANO X, TOMO 2, 219)

Havendo incumprimento por parte do promitente-vendedor, o promitente-comprador, além do direito à restituição do sinal em dobro, tem direito ainda aos juros moratórios a partir da interpelação.

5 – AC. STJ, DE 85/02/13 (BMJ 344, 419)

Desde que se fixou prazo para o cumprimento do contrato--promessa e tal prazo expirou sem que se celebrasse o contrato prometido, há que concluir que o seu incumprimento se verificou findo esse prazo.

6 – AC. STJ, DE 81/11/26 (BMJ 311, 368)

O não cumprimento de um contrato-promessa com as suas legais consequências não resulta sempre e somente da recusa de celebração do contrato prometido, mas do não cumprimento das várias cláusulas a que se deve obedecer antes do contrato definitivo, tais como as relativas ao pagamento do preço pelo promitente-comprador e a entrega do objecto da promessa pelo promitente-vendedor.

7 – AC. REL. COIMBRA, DE 81/06/23 (CJ, ANO VI, TOMO 3, 230)

  I – *A mora parcial pode envolver a perda do interesse em relação a todo o objecto da obrigação e dar lugar ao incumprimento definitivo da prestação.*
  II – *Tendo o comprador recebido pela venda de um automóvel 180 000$00, a que as partes atribuíram o carácter de sinal, o dano negativo determina-se pelo dobro do sinal.*

8 – AC. REL. LISBOA, DE 80/05/30 (CJ, ANO V, TOMO 3, 173)

No contrato-promessa de compra e venda em que não se estipule a favor de qual delas foi o prazo estabelecido, a responsabilidade, pela não celebração da escritura no prazo estipulado, é recíproca.

9 – AC. STJ, DE 85/11/21 (BMJ 351, 332)

I – *Tendo sido celebrado um contrato-promessa de compra e venda de um andar, no qual ficou estabelecida a possibilidade de o promitente-comprador fazer uso dele até à conclusão do contrato prometido, ou até à caducidade ou resolução do contrato-promessa, não pode o proprietário e promitente-vendedor vir a reivindicar a entrega do andar, enquanto não se provar que houve incumprimento do contrato devido a culpa do promitente-comprador.*

II – *Tendo os autores e promitentes-vendedores formulado um pedido de entrega do andar, que se encontrava ocupado por virtude da cláusula inserta no contrato, e outro de resolução do contrato-promessa de compra e venda, não pode conhecer-se no saneador o primeiro pedido, se não há ainda condições para conhecer o segundo, sendo irrelevante a afirmação dos autores de que estão desinteressados de contratar.*

10 – AC. REL. LISBOA, 90/01/18 (CJ, ANO XV, TOMO 1, 1419)

I – *Há incumprimento culposo do contrato-promessa de compra e venda de prédio a construir, se as obras estão condicionadas por factores que o promitente-vendedor não pode controlar, como é o caso de vultuosas despesas públicas em infra-estruturas e na construção de uma ponte.*

II – *Resolvido o contrato-promessa por haver incumprimento definitivo, a cláusula penal indemnizatória de 6% sobre as quantias a restituir, prevista para a falta de cumprimento, deve funcionar a partir do tempo em que se previa a efectivação da escritura.*

11 – AC. REL. LISBOA, 86/12/11 (CJ, ANO XI, TOMO 5, 153)

A resolução do contrato-promessa bilateral com base em mora só pode produzir-se quando se objectivarem factos ou circunstâncias que revelem que a mora se converteu em não cumprimento definitivo ou que o credor perdeu o interesse que tinha na prestação ou esta não foi realizada no prazo razoavelmente fixado.

12 – AC. STJ, DE 86/06/03 (BMJ 358, 483)

I – *O incumprimento temporal e consequente mora, por circunstâncias apenas imputáveis ao promitente-vendedor, bem como a exigência de agravamento de preço, unilateralmente fixado, integram a justa causa de resolução do contrato por parte do promitente-comprador.*

II – *Em consequência, e independentemente da interpelação prevista no art. 805.º, n.º 2, alínea c), do Cód. Civil, fica o promitente-vendedor obrigado à restituição do sinal em dobro.*

13 – AC. REL. LISBOA, DE 86/04/17 (CJ, ANO XI, TOMO 2, 117)

I – *A interpelação, para efeitos de cumprimento de contrato-promessa, pode ser levada a efeito por qualquer meio, desde que suficientemente demonstrada.*

II – *Dá-se por interpelado aquele que declare terminantemente e por escrito que não cumprirá.*

14 – AC. STJ, DE 86/03/06 (BMJ 355, 352)

I – *Não havendo prazo certo para a celebração da escritura de compra e venda, só há mora dos promitentes, após estes terem sido interpelados, nos termos do art. 805.º, n.º 1, do Cód. Civil.*

II – *Na falta da cláusula ou de posterior acordo sobre a data da realização da escritura, impõe a sua fixação judicial, nos termos dos arts. 777.°, n.° 2, do Cód. Civil, e 1456.° do Cód. Proc. Civil, não sendo de pressupor o incumprimento como resultado directo do contrato-promessa.*

III – *A citação para a acção não dispensa a interpelação, quando existe litígio acerca da existência da própria obrigação (art. 662.°, n.° 2, do Cód. Proc. Civil).*

IV – *É insuficiente, nos termos do art. 805.°, n.° 1, do Cód. Civil, a comunicação feita em que não é indicado nem o cartório, nem o local, ou o dia e a hora para a celebração da escritura.*

15 – AC. REL. LISBOA, DE 87/06/02 (CJ, ANO XII, TOMO 3, 108)

I – *A resolução do contrato-promessa e as sanções da perda do sinal ou da sua restituição em dobro só tem lugar no caso de inadimplemento definitivo do mesmo contrato.*

II – *O mero interesse subjectivo do promitente-comprador em não outorgar o negocio prometido por inobservância do prazo estabelecido não integra um caso de falta de interesse para efeitos do art. 808.° do Cód. Civil.*

16 – AC. STJ, DE 83/02/01 (BMJ 324, 552)

Se do incumprimento do contrato-promessa não resultarem prejuízos para o promitente-comprador, que posteriormente se desinteressou da realização do negócio pela ausência de perspectiva de lucro fácil e substancial, justifica-se o uso, pelo tribunal, da faculdade prevista no art. 812.°, n.° 1, do Cód. Civil, reduzindo a pena convencional à restituição simples do sinal prestado.

17 – AC. REL. LISBOA, DE 90/02/05 (CJ, ANO XV, TOMO 2, 278)

I – *A acção destinada a obter a execução específica de um contrato-promessa de compra e venda de imóvel, desprovido de eficácia real, não tendo por fim o reconhecimento, constituição, modificação ou extinção de um direito de propriedade, mas a sua transmissão do promitente-vendedor para o promitente-comprador, não é de considerar na alínea a) do n.º 1 do art. 2.º do Cód. Reg. Predial.*

II – *O registo dessa acção é de todo irrelevante, não gozando, por isso, de qualquer eficácia relativamente ao terceiro adquirente, ainda que o registo de aquisição seja posterior àquele.*

18 – AC. REL. PORTO, DE 89/03/09 (CJ, ANO XIV, TOMO 2, 195)

I – *O incumprimento de contrato-promessa não pode provocar a consequência de, só por si, determinar a possibilidade da execução específica, tornando-se necessário averiguar se houve incumprimento susceptível de a justificar.*

II – *Existindo cláusula penal relativa à não entrega da fracção na data acordada, não podem os AA. pedir outra indemnização pelos prejuízos daí resultantes*

19 – AC. REL. LISBOA, DE 89/02/23 (CJ, ANO XIV, TOMO 1, 133)

I – *Em contrato-promessa de compra e venda, despido de eficácia real, a venda do objecto do contrato a terceiro impede a execução específica deste.*

II – *O facto de o registo da acção ter precedido o registo da venda a terceiro não tem qualquer relevância para efeitos de execução específica por não ser constitutivo de qualquer direito substantivo sobre a coisa.*

20 – AC. REL. COIMBRA 91/01/08 (CJ, ANO XVI, TOMO 1, 44)

I – *O contrato-promessa de compra e venda de imóvel exige o reconhecimento presencial das assinaturas dos promitentes e a certificação notarial da existência de licença de utilização ou de construção.*

II – *A falta de tais requisitos torna o negócio anulável, sendo a nulidade invocável a todo o tempo pelo promitente comprador, pode ser sanada e não é do conhecimento oficioso do tribunal.*

III – *O não cumprimento pode ser imputável em igual medida a ambos os contraentes, podendo qualquer deles pedir a resolução; ou não ser imputável a nenhum devendo o "accipiens" restituir a coisa que lhe foi entregue como sinal.*

21 – AC. REL. LISBOA 91/02/21 (CJ, ANO XVI, TOMO 1, 158)

I – *O n.° 1 do art. 778.° do Cód. Civil, ao reportar-se a obrigações* cum voluerit *e distinguindo as situações antes e depois do falecimento do devedor, só é aplicável quando o devedor seja pessoa singular.*

II – *Estabelecendo-se numa promessa de compra e venda de imóvel, que a sociedade promitente-vendedora faça comunicação, para o efeito, ao promitente-comprador, e havendo sinal passado no valor de 50% do preço, com possibilidade de reforço, o promitente-comprador pode recorrer ao tribunal para que fixe prazo certo para a realização do contrato prometido, edificado o prédio e verificadas as formalidades necessárias.*

22 – AC. REL. PORTO 91/05/16 (CJ, ANO XVI, TOMO 3, 231)

I – *Se, num contrato-promessa, o promitente-vendedor se apresenta (falsamente) como representante do dono e alegando que a procuração se encontra em França – sendo a sua verdadeira intenção comprar ao dono para, depois, vender ao promitente-comprador – ele agiu com reserva mental.*

II – *Mas esta reserva mental não prejudica a restante parte da declaração perante o qual o promitente-comprador sabe que não está a contratar directamente com o dono e que o suposto representante não detém a procuração.*

III – *Por isso, este contrato-promessa é nulo por falta de legitimidade do promitente-vendedor para concluir o negócio, conhecido do promitente-comprador.*

IV – *Neste caso, o dano do promitente-comprador a ser ressarcido é o chamado dano de confiança, resultante da lesão do interesse contratual negativo.*

23 – AC. REL. LISBOA 92/01/21 (CJ, ANO XVII, TOMO 1, 142)

I – *A cláusula "cum voluerit" só se verifica quando a celebração da escritura do contrato prometido foi deixada ao critério ou ao puro arbítrio dos promitentes-compradores.*

II – *Assim, não se verifica tal cláusula se do contrato resulta que, embora o prazo fosse deixado ao critério dos promitentes-compradores, estes deviam fazê-lo em prazo razoável.*

24 – AC. STJ DE 91/09/29 (BMJ 409, 796)

I – *A cláusula do contrato-promessa de compra e venda, segundo a qual o promitente-vendedor se compromete a obter, a favor do promitente-comprador, o alvará de licenciamento necessário à exploração agro-pecuária objecto do contrato, constitui o promitente-vendedor na obrigação de obter o alvará e não apenas na obrigação de diligenciar pela sua obtenção realizando o que seja necessário e fazendo todos os esforços para o efeito.*

II – *Limitando-se o promitente-vendedor a apresentar requerimento para a concessão do alvará, a falta de obtenção deste, indeferido o requerimento, traduz incumprimento do contrato-promessa imputável ao promitente-vendedor, posto que o indeferimento, acto administrativo compreendido na esfera de atribuições da câmara municipal, não constitui "facto de terceiro" susceptível de operar a ilisão da presunção de culpa estabelecida no n.° 1 do art. 799.° do Cód. Civil.*

III – *Em regra, a decisão da segunda instância quanto a matéria de facto não pode ser alterada pelo Supremo (arts. 729.°, n.ºs 1 e 2, e 722.°, n.° 2, do Cód. Proc. Civil).*

25 – AC. REL. COIMBRA DE 91/07/02 (BMJ 409, 882)

Tendo-se clausulado, no contrato-promessa, que a escritura seria feita logo que o promitente-vendedor obtivesse o alvará de loteamento e o promitente-comprador o exigisse, só pode fixar-se prazo para a celebração da escritura se já foi obtido esse alvará.

26 – AC. STJ 1993/01/07 (CJ, ANO I, TOMO I, 15)

I – *Anulado o contrato de compra e venda por a fracção ter sido prometida vender livre de ónus e encargos e subsistir à data da respectiva escritura, uma hipoteca a onerá-la, e não envolvendo a correspondente acção a extinção do contrato-promessa, renascem as obrigações e direitos deste emergentes.*

II – *A declaração inequívoca e categórica do promitente-vendedor, entretanto declarado falido, de que não cumprirá o contrato-promessa vale como incumprimento definitivo e confere direito ao promitente-comprador de resolver o contrato-promessa.*

4.2. O Recurso à Execução Específica

Em caso de *simples mora* no cumprimento da promessa, de *recusa categórica e inequívoca*, antecipada ou não, de cumprimento, ou de *violação da promessa com «eficácia real»*, ao promitente não faltoso a lei faculta uma forma de "cumprimento forçado", isto é, independentemente ou mesmo contra a vontade do promitente inadimplente.

Por outras palavras, o promitente credor pode obter o mesmo resultado prático da declaração negocial do faltoso, através de uma acção de execução específica movida contra este.

De acordo com os princípios gerais do cumprimento e do não cumprimento das obrigações (cumprimento defeituoso, mora e incumprimento definitivo), os quais, por via de regra, são aplicáveis ao contrato-promessa, a simples mora, por si só, não confere o direito de resolução do contrato à parte «inocente».

O que confere é o direito à reparação dos danos causados (artigo 804.º, n.º 1, do Código Civil).

Nos termos do n.º 2 deste artigo 804.º, o devedor considera-se constituído em mora quando, por causa que lhe seja imputável, a prestação, ainda possível, não foi efectuada no tempo devido.

Todavia, se, por não ter sido efectuada no tempo devido, o credor perdeu, objectivamente, o interesse na prestação, então, não se trata já de mora mas de incumprimento definitivo.

Considera-se para todos os efeitos não cumprida a obrigação se o credor, em consequência da mora, perder o interesse que tinha na prestação.

A perda do interesse na prestação é apreciada *objectivamente* (artigo 808.º, do Código Civil).

Se o credor, com a *mora debitoris,* não perdeu o interesse na prestação, pode optar pela execução específica, ou por fixar um prazo razoável dentro do qual o devedor poderá ainda cumprir (é a designada interpelação admonitória).

Se a obrigação não for realizada dentro deste prazo, considera-se para todos os efeitos não cumprida.

Numa hipótese destas, a simples mora converte-se em incumprimento definitivo, dando ao promitente não faltoso o direito de resolução do contrato.

Quanto à execução específica, o recurso a esta por parte do promitente credor supõe que:

– A prestação devida ainda seja possível; [84]

---

[84] J. C. BRANDÃO PROENÇA, *Do Incumprimento,* cit., p. 36 e segs. considera que a execução específica é inviável em situações como as seguintes:

– Perda, destruição, ou transformação, total ou significativa, voluntária ou involuntária da coisa (mesmo após a mora);

– Recusa de consentimento do cônjuge capaz não vinculado;

– Recusa do proprietário do bem prometido vender, face à obrigação assumida pelo promitente-vendedor de que aquele venderia a coisa ao promitente-comprador;

– Alienação ou oneração do bem prometido vender (em promessa destituída de «eficácia real»);

– Ele mantenha interesse na prestação;
– Considere como simples atraso a violação do contrato por parte do devedor;
– Ainda queira obter a prestação, não obstante o atraso.

«A execução específica surge como *prima ratio* e (...) a pretensão em que ela assenta pressupõe naturalmente a mora no cumprimento da promessa ou um incumprimento definitivo na forma de recusa categórica e inequívoca [85]».

Assim, instaurando, contra o devedor, acção de execução específica do contrato-promessa, o credor pretenderá obter o mesmo resultado prático da realização da prestação.

A procedência desta acção [86] terá como resultado uma sentença constitutiva.

Desta forma, embora retardada, o credor evitará um incumprimento definitivo que lhe não interessa.

Por outro lado, nos termos do n.º 5 do mesmo artigo 830.º, no caso em que ao obrigado seja lícito invocar a excepção de não cumprimento, a acção improcede se o requerente não consignar em depósito a sua prestação no prazo que lhe for fixado pelo tribunal.

Com a execução específica, como já ficou referido, o promitente credor pode cumular o pedido de indemnização moratória, a

---

– Sempre que o contrato incida sobre bens ainda não existentes (que estejam a ser construídos ou de que exista um simples projecto);

– Sempre que o contrato incida sobre coisas genéricas ou alternativas (a sentença não funcionaria como título translativo, na ausência do acto de individualização);

– Sempre que o requerente não consignar em depósito a sua prestação, no prazo que lhe for fixado pelo tribunal (artigo 830.º, 5 do Código Civil.);

– Quando se mostrar «inconveniente» (para o promitente-comprador, para a massa falida ou insolvente);

– Quando tiver sido penhorado o bem;

– Quando tiver sido declarada a falência ou insolvência de qualquer dos promitentes.

[85] Cfr. J. C. BRANDÃO PROENÇA, *Do Incumprimento,* cit., p. 115.

[86] Quanto à prescrição ou caducidade da acção de execução específica, parece não existir qualquer prazo especial.

calcular segundo as regras gerais dos artigos 798.º, 801.º, 804.º, 808.º e 570.º, todos do Código Civil [87], ou calculada segundo cláusula penal existente.

Na mesma acção de execução específica, poderá ser formulado o pedido acessório de condenação na entrega do bem, para obter a transferência do domínio com efectivo empossamento [88].

---

[87] Artigo 570.º (Culpa do lesado): "1. Quando um facto culposo do lesado tiver concorrido para a produção ou agravamento dos danos, cabe ao tribunal determinar, com base na gravidade das culpas de ambas as partes e nas consequências que delas resultaram, se a indemnização deve ser totalmente concedida, reduzida ou mesmo excluída.
2. Se a responsabilidade se basear numa simples presunção de culpa, a culpa do lesado, na falta de disposição em contrário, exclui o dever de indemnizar."
Artigo 798.º (Responsabilidade do devedor): "O devedor que falta culposamente ao cumprimento da obrigação torna-se responsável pelo prejuízo que causa ao credor".
Artigo 801.º (Impossibilidade culposa): "1. Tornando-se impossível a prestação por causa imputável ao devedor, é este responsável como se faltasse culposamente ao cumprimento da obrigação.
2. Tendo a obrigação por fonte um contrato bilateral, o credor, independentemente do direito à indemnização, pode resolver o contrato e, se já tiver realizado a sua prestação, exigir a restituição dela por inteiro".
Mora do devedor – Artigo 804.º (Princípios gerais): "1. A simples mora constitui o devedor na obrigação de reparar os danos causados ao credor.
2. O devedor considera-se constituído em mora quando, por causa que lhe seja imputável, a prestação, ainda possível, não foi efectuada no tempo devido."
Artigo 808.º (Perda do interesse do credor ou recusa do cumprimento): "1. Se o credor, em consequência da mora, perder o interesse que tinha na prestação, ou esta não for realizada dentro do prazo que razoavelmente for fixado pelo credor, considera-se para todos os efeitos não cumprida a obrigação.
2. A perda do interesse na prestação é apreciada objectivamente."
[88] J. C. BRANDÃO PROENÇA, ob. cit., pp. 18 e ss., refere estes casos e considera que "antes mesmo do recurso à acção de execução específica, qualquer dos promitentes poderá pedir a condenação(«tout court») do contraente faltoso no cumprimento das obrigações clausuladas cujo prazo anteceda a data da outorga do contrato definitivo (por ex., entrega da coisa, reforço do sinal, conclusão do imóvel, cancelamento de garantias reais ou eliminação dos vícios da coisa já entregue), sendo perfeitamente legítimo que o promitente-comprador se

Também não deverá ser-lhe vedada a possibilidade de cumular outros pedidos, acessórios e subsidiários, com conexão formal e material com a execução específica e que não padeçam de incompatibilidade.

Se a coisa apresentar vícios ou defeitos, o promitente-comprador deve poder também cumular o pedido de condenação do promitente-vendedor na eliminação dos mesmos, sob pena de uma redução do preço [89].

E, também, sendo esse o caso, pedir a condenação do promitente-vendedor no pagamento das quantias necessárias à expurgação dos ónus existentes, a que se refere o artigo 830.º n.º 4.

Outra é a hipótese de na acção de execução específica de contrato-promessa com eficácia real poder-se cumular o pedido de declaração de nulidade da venda feita a terceiros e a consequente entrega da coisa.

---

recuse a cunprir o contrato (invocação da *exceptio non adimpleti*) enquanto o promitente-vendedor não adquirir a propriedade da coisa ou a libertar dos vínculos existentes. O promitente lesado poderá ainda, em certos casos, formular um pedido subsidiário de resolução (cumulado com um direito de indemnização) para a hipótese de ser rejeitada ou inproceder a acção de execução específica."

A propositura da acção de execução específica, segundo o mesmo autor, "não impedirá, por sua vez, e em princípio, o promitente faltoso de oferecer o cumprimento na sua pendência ou o demandado de invocar a resolução como excepção peremptória, ou reconvir para o pedido de resolução ou de excecução específica, imputando ao autor o incumprimento unilateral da promessa ou a mora. O cumprimento voluntário far-se-á por termo lavrado no processo, mas a instância só se deverá extinguir após a realização do contrato definitivo."

[89] CALVÃO DA SILVA (*ob. cit.*, p. 117), abordando idêntica problemática, defende que "não teria lógica nem estaria consentâneo com os n.ᵒˢ 3, 4 e 5 do artigo 830.º, a que a economia de juízos está inequivocamente subjacente, ao admitir, na mesma acção (de execução específica da promessa), a modificação do contrato por alteração das circunstâncias, a condenação do promitente faltoso a entregar o montante do débito garantido pela hipoteca e a improcedência da acção em atenção à *exceptio non adimpleti contractus*. A sentença pode, assim, ser complexa: constitutiva numa parte e condenatória noutra, valendo nesta parte como título executivo. O que o promitente-adquirente não pode é depositar o *quantum* de preço reduzido que entender suficiente, sem que o juiz tenha atendido o pedido *quanti minoris*".

O artigo 830.º n.º 3, no entanto, permite ao citado para a acção de execução específica (a maior parte das vezes o promitente-vendedor), requerer, em reconvenção, a *reductio ad aequitatem* dos termos da promessa (por exemplo, um aumento do preço) por circunstâncias posteriores ao seu incumprimento [90-91].

---

[90] Artigo 830.º (Contrato-promessa): "1. Se alguém se tiver obrigado a celebrar certo contrato e não cumprir a promessa, pode a outra parte, na falta de convenção em contrário, obter sentença que produza os efeitos da declaração negocial do faltoso, sempre que a isso não se oponha a natureza da obrigação assumida.
2. Entende-se haver convenção em contrário, se existir sinal ou tiver sido fixada uma pena para o caso de não cumprimento da promessa.
3. O direito à execução específica não pode ser afastado pelas partes nas promessas a que se refere o n.º 3 do artigo 410.º; a requerimento do faltoso, porém, a sentença que produza os efeitos da sua declaração negocial pode ordenar a modificação do contrato nos termos do artigo 437.º, ainda que a alteração das circunstâncias seja posterior à mora.
4. Tratando-se de promessa relativa à celebração de contrato oneroso de transmissão ou constituição de direito real sobre edifício, ou fracção autónoma dele, em que caiba ao adquirente, nos termos do artigo 721.º, a faculdade de expurgar hipoteca a que o mesmo se encontre sujeito, pode aquele, caso a extinção de tal garantia não preceda a mencionada transmissão ou constituição, ou não coincida com esta, requerer, para efeito da expurgação, que a sentença referida no n.º 1 condene também o promitente faltoso a entregar-lhe o montante do débito garantido, ou o valor nele correspondente à fracção do edifício ou do direito objecto do contrato e dos juros respectivos, vencidos e vincendos, até pagamento integral.
5. No caso de contrato em que ao obrigado seja lícito invocar a excepção de não cumprimento, a acção improcede, se o requerente não consignar em depósito a sua prestação no prazo que lhe for fixado pelo tribunal."
(Redacção do Dec.-Lei 379/86, de 11-11)
[91] Resolução ou modificação do contrato por alteração das circunstâncias – ARTIGO 437.º (Condições de admissibilidade): "1. Se as circunstâncias em que as partes fundaram a decisão de contratar tiverem sofrido uma alteração anormal, tem a parte lesada direito à resolução do contrato, ou à modificação dele segundo juízos de equidade, desde que a exigência das obrigações por ela assumidas afecte gravemente os princípios da boa fé e não esteja coberta pelos riscos próprios do contrato.
2. Requerida a resolução, a parte contrária pode opor-se ao pedido, declarando aceitar a modificação do contrato nos termos do número anterior."

Não se estranha que o promitente lesado recorra ao preceituado no artigo 437.°, invocando ocorrências supervenientes à celebração do contrato que, sendo de tal modo anormais, impliquem uma frustração do fim negocial ou alterem o equilíbrio originário das prestações.

Mas, permitir ao citado para a acção de execução específica (a maior parte das vezes o promitente-vendedor), requerer, em reconvenção, a *reductio ad aequitatem* dos termos da promessa (por exemplo, um aumento do preço) por circunstâncias posteriores ao seu incumprimento, é subverter os princípios gerais da teoria do inadimplemento e «premiar», de certo modo, o faltoso[92].

Trata-se, pois, de uma excepção ao regime geral[93] do artigo 438.°, introduzida pelo Decreto – Lei n.° 379/86, de 11 de Novembro.

4.2.1. Sumários de Jurisprudência

1 – AC. STJ – IN COL. JUR., 1999 – TOMO I, P. 27

I – *Na condição há uma vontade única, mas condicional, envolvendo todo o negócio, que mantém a sua vida.*

II – *Provando-se que não se verificou o licenciamento do projecto de construção – condição e pressuposto da prometida permuta – no prazo máximo acordado de dois anos e que tal daria à autora e só a ela – não à Ré – a possibilidade de optar pela manutenção ou resolução do contrato, há que concluir que estamos perante uma cláusula resolutiva.*

III – *Só existirá a responsabilidade pelo incumprimento da não obtenção da licença se não provar ter realizado, tem-*

---

[92] Cfr. J. C. BRANDÃO PROENÇA, *Do Incumprimento*, cit., p. 30 e ss.
[93] Artigo 438.° (Mora da parte lesada): "A parte lesada não goza do direito de resolução ou modificação do contrato, se estava em mora no momento em que a alteração das circunstâncias se verificou."

pestivamente e diligentemente, todas as diligências adequadas à referida obtenção.

2 – AC. STJ – IN COL. JUR., 1999 – TOMO I, P. 61

I – *Se as partes de um contrato-promessa sujeito a condição suspensiva acordaram, posteriormente, no estabelecimento de uma outra condição suspensiva que se deva interpretar como substitutiva da primeira, é ilegítima a rescisão declarada pela promitente-vendedora com invocação da impossibilidade de verificação daquela primeira condição.*

II – *Tal rescisão constitui manifestação da intenção de não cumprir o contrato-promessa, traduzindo-se em incumprimento definitivo, tornando desnecessária a notificação admonitória.*

III – *É manifestamente desadequada e violadora do princípio da igualdade das partes e do equilíbrio dos interesses entre os contraentes, uma cláusula penal que conduz à atribuição de uma indemnização de um valor tal que, somado ao montante das quantias já pagas a título de sinal, que o promitente-vendedor tem o direito de fazer suas, seria claramente superior ao valor total acordado para a compra e venda, pelo que se deve operar a sua redução.*

3 – AC. STJ – IN COL. JUR., 1999 – TOMO I, P. 111

I – *Se os contraentes, num contrato misto, amalgamaram elementos de contratos típicos diferentes em plano de igualdade, sem que um deles sobreleve os outros, esse contrato é, então, regulado pelas normas aplicáveis a cada um dos contratos amalgamados, com as concessões necessárias para que o fim dos negócios misturados não seja frustrado.*

II – *A indemnização a que houver lugar por força da resolução do contrato tem apenas como parâmetro o interesse contratual negativo.*

III – *É inadmissível a execução específica de um contrato--promessa com prestação de coisa futura se a existência desta coisa não se concretizar, entretanto.*

4 – AC. STJ – IN COL. JUR., 1999 – TOMO II, P. 60

I – *O recurso para o STJ tem por objecto o acórdão da Relação e não a decisão sobre que este recaiu.*
II – *Tendo os réus sido condenados a celebrar escritura de constituição do prédio em regime de propriedade horizontal, não pode dizer-se que seja a decisão judicial o título constitutivo dessa propriedade.*
III – *O* venire contra factum proprium *traduz uma responsabilidade pela confiança, ou seja, pela legítima expectativa criada no declaratário no sentido de poder agir como agiu.*
IV – *Estipulado em contrato-promessa prazo para a celebração do contrato prometido, que não foi respeitado por um dos promitentes, sendo a prestação ainda possível, essa situação de mora basta para haver lugar à execução específica do contrato-promessa, mas é insuficiente para fundamentar a sua resolução.*

5 – AC. REL. ÉVORA DE 01/06/99 – IN COL. JUR., 1999 – TOMO III, P. 268

Em acção destinada à execução específica de contrato-promessa de compra e venda, a consignação em depósito do preço ou do seu remanescente deve ser efectuada imediatamente antes de ser proferida a sentença.

6 – AC. REL. LISBOA, DE 87/03/19 (CJ, ANO XII, TOMO 2, 142)

I – *Ficando a cargo da instituição bancária que vai conceder o empréstimo pedido pelo promitente-comprador a marcação da data da escritura de compra e venda, a boa fé impõe ao promitente-comprador fornecer, em tempo reputado normal, os elementos necessários para a concessão do crédito.*

II – *Sendo o prazo concedido a favor do promitente-comprador, não pode o promitente-vendedor interpelar directamente aquele para a escritura, devendo antes recorrer ao pedido de fixação judicial de prazo.*

III – *Só após o desrespeito daquele prazo pelo promitente--comprador, poderá o promitente-vendedor fixar um prazo razoável para a celebração da escritura, sob pena de se considerar definitivamente incumprida a obrigação.*

IV – *O pedido de execução específica formulado pelo promitente-comprador improcede se não se provar incumprimento pela outra parte.*

V – *Este pedido também, não pode proceder se o promitente--comprador não fez o depósito do preço ainda não pago, não sendo lícito proferir sentença em que se declare a execução específica condicionada à futura realização do depósito.*

VI – *Havendo tradição da coisa em consequência de contrato-promessa, o promitente-vendedor não pode, embora ainda seja seu dono, reivindicá-lo enquanto não for resolvido.*

7 – AC. REL. LISBOA, DE 86/02/27 (CJ, ANO XI, TOMO 1, 107)

I – *No contrato-promessa não há qualquer enriquecimento injustificado, porque sendo aquele contrato de uma prestação de facto, não podem os contraentes atribuir--se o direito à própria coisa prometida vender ou ao seu valor.*

II – *Naquele contrato a lei estabelece qual a indemnização devida pelo seu não cumprimento.*

8 – AC. STJ, DE 85/05/02 (BMJ 347, 375)

I – *Em acção destinada a resolver um contrato-promessa e a pedir a restituição do sinal, a causa de pedir é constituída pelos factos concretos demonstrativos da inexecução culposa da promessa por parte do outro promitente.*

II – *O juiz não modifica a causa de pedir invocada na petição inicial se aprecia e decide a acção com base nos mesmos factos concretos reveladores do inadimplemento culposo, alegados pelo autor, apesar de este ser pressuposto da validade da promessa de uma quota sobre um imóvel e de o juiz, só através da conversão dos negócios (art. 293.º do Cód. Civil), ter reputado válida a promessa e haver decidido que esta incidira sobre aquele imóvel.*

III – *Os arts. 798.º, 801.º, 804.º e 808.º do Cód. Civil, aplicáveis aos contratos em geral, também são de observar quanto ao contrato-promessa.*

IV – *A resolução da promessa e as sanções da perda do sinal ou da sua restituição em dobro (art. 442.º do Cód. Civil) só tem lugar no caso de inadimplemento definitivo da promessa.*

V – *Se houver simples mora da parte de algum dos promitentes, já não se aplica o disposto no art. 442.º, n.º 2 do Cód. Civil, embora o promitente lesado tenha direito a uma reparação pelos danos causados, nos termos gerais do art. 804.º do Cód. Civil.*

VI – *Também no contrato-promessa os dois casos previstos no art. 808.º do Cód. Civil são equiparados ao não cumprimento definitivo.*

VII – *Assim, o mero interesse subjectivo do promitente-vendedor em não outorgar no negócio prometido, devido à inobservância dos prazos estabelecidos, não integra um caso de falta de interesse para efeitos do art. 808.º do Cód. Civil, do mesmo modo como não traduz um prazo especial razoável o intervalo de tempo de seis dias concedido ao promitente-comprador, quer para intervir na escritura e se apresentar ao notário com os documentos indispensáveis, quer para reunir as somas em dinheiro necessárias para liquidar o devido à contraparte.*

9 – AC. REL. PORTO, DE 85/03/19 (CJ, ANO X, TOMO 2, 219)

Havendo incumprimento por parte do promitente-vendedor, o promitente-comprador, além do direito à restituição do sinal em dobro, tem direito ainda aos juros moratórios a partir da interpelação.

10 – AC. STJ, DE 85/02/13 (BMJ 344, 419)

Desde que se fixou prazo para o cumprimento do contrato--promessa e tal prazo expirou sem que se celebrasse o contrato prometido, há que concluir que o seu incumprimento se verificou findo esse prazo.

11 – AC. STJ, DE 81/11/26 (BMJ 311, 368)

O não cumprimento de um contrato-promessa com as suas legais consequências não resulta sempre e somente da recusa de celebração do contrato prometido, mas do não cumprimento das várias cláusulas a que se deve obedecer antes do contrato definitivo, tais como as relativas ao pagamento do preço pelo promitente-comprador e a entrega do objecto da promessa pelo promitente-vendedor.

12 – AC. REL. COIMBRA, DE 81/06/23 (CJ, ANO VI, TOMO 3, 230)

 I – *A mora parcial pode envolver a perda do interesse em relação a todo o objecto da obrigação e dar lugar ao incumprimento definitivo da prestação.*
 II – *Tendo o comprador recebido pela venda de um automóvel 180 000$00, a que as partes atribuíram o carácter de sinal, o dano negativo determina-se pelo dobro do sinal.*

13 – AC. REL. LISBOA, DE 80/05/30 (CJ, ANO V, TOMO 3, 173)

No contrato-promessa de compra e venda em que não se estipule a favor de qual delas foi o prazo estabelecido, a responsabilidade, pela não celebração da escritura no prazo estipulado, é recíproca.

14 – AC. REL. LISBOA, DE 86/12/11 (CJ, ANO XI, TOMO 5, 145)

I – *No contrato-promessa de compra e venda não é de considerar qualquer flutuação do valor da moeda dentro dos riscos do contrato, mas tão-só aquelas flutuações que estejam dentro da normalidade da vida económico-social que não relevam face ao princípio da estabilidade dos contratos.*

II – *O art. 437.º do Cód. Civil prevê alteração das circunstâncias em que as partes fundaram a sua decisão de contratar, que tenham sofrido uma alteração anormal, afectando gravemente o princípio da boa fé a manutenção do contrato; que a situação advinda da alteração não se encontre abrangida pelos riscos próprios do contrato, inexistindo mora por parte do lesado.*

III – *Não se aplica aquele art. quando as partes previram a inalterabilidade do preço até à licença de habitabilidade e o imóvel não se encontra construído, apesar de ultrapassado o prazo judicialmente fixado para a celebração da escritura pública.*

15 – AC. REL. PORTO, DE 89/06/08 (CJ, ANO XIV, TOMO 3, 214)

I – *O tempo de cumprimento do contrato-promessa constitui estipulação acessória e, como tal, não sujeita a qualquer requisito de forma.*

II – *Não é admissível prova testemunhal relativamente a tal estipulação acessória.*

III – *Sanada a nulidade da admissão da prova testemunhal, não podem ser consideradas as respostas aos quesitos baseadas nos depoimentos das testemunhas.*

IV – *Basta a simples mora para desencadear a sanção prevista no n.º 2 do art. 442.º do Cód. Civil.*

16 – AC. REL. PORTO, DE 89/03/09 (CJ, ANO XIV, TOMO 2, 195)

I – *O incumprimento de contrato-promessa não pode provocar a consequência de, só por si, determinar a possi-*

bilidade da execução específica, tornando-se necessário averiguar se houve incumprimento susceptível de a justificar.

II – *Existindo cláusula penal relativa à não entrega da fracção na data acordada, não podem os AA. pedir outra indemnização pelos prejuízos daí resultantes.*

17 – AC. REL. LISBOA, DE 88/01/07 (CJ, ANO XIII, TOMO 1,105)

I – *Estipulando-se, no contrato-promessa de compra e venda de fracção autónoma, a sua alienação sem quaisquer ónus ou encargos, mas subsistindo uma hipoteca constituída pelo promitente-vendedor na data marcada para a escritura, não são os promitentes-compradores responsáveis pelo incumprimento.*

II – *Tratando-se de ónus que pode ser expurgado, não se verifica impossibilidade definitiva na realização de uma das prestações, e não têm os promitentes-compradores obrigação de indemnizar.*

18 – AC. STJ, DE 87/11/10 (BMJ 371, 414)

I – *Se o prazo fixado num contrato-promessa para a celebração de escritura de compra e venda não era essencial ou necessário, ultrapassado aquele período de tempo não se seguia automaticamente o direito do promitente-vendedor a resolver o contrato.*

II – *Não é caso de recurso ao tribunal, quando a determinação do prazo for deixada, ao credor (contraente-cumpridor) e este (promitente-comprador) usou desta faculdade, marcando data e local para a outorga da escritura.*

III – *Em qualquer caso, haja ou não sinal, haja ou não cláusula penal, se alguém se tiver obrigado a celebrar certo contrato e não cumprir a promessa, pode a outra parte, desde que a isso não se oponha a natureza da obrigação assumida, obter sentença que produza os efeitos da declaração negocial do faltoso.*

19 – AC. REL. LISBOA, DE 87/06/02 (CJ, ANO XII, TOMO 3, 108)

I – *A quantia entregue pelo promitente-comprador ao promitente-vendedor, no acto da celebração do contrato-promessa, tem carácter de sinal, ainda que corresponda ao montante do preço acordado.*

II – *A resolução do contrato-promessa e as sanções da perda do sinal ou da sua restituição em dobro só tem lugar no caso de inadimplemento definitivo do mesmo contrato.*

III – *O mero interesse subjectivo do promitente-comprador em não outorgar o negócio prometido por inobservância do prazo estabelecido não integra um caso de falta de interesse para efeitos do art. 808.º do Cód. Civil.*

20 – AC. REL. COIMBRA, DE 83/10/08 (CJ, ANO VIII, TOMO 5, 36)

I – *Tendo os autores prometido vender um andar dum prédio seu, aos réus, os quais, entretanto, pagaram integralmente o seu preço e passaram a ocupá-lo, improcede o pedido reivindicatório, visto os demandados gozarem, dado o incumprimento do contrato, do direito de retenção.*

II – *Não sendo possível a realização coactiva da prestação através da execução específica, em virtude de o edifício não preencher todos os requisitos – designadamente os respeitantes ao acatamento dos regulamentos municipais – a que a lei subordina a propriedade horizontal fica o prédio, na procedência do pedido subsidiário reconvencional, sujeito ao regime de compropriedade correspondente ao valor, fixada a quota da fracção a determinar por meio de arbitramento.*

21 – AC. REL. LISBOA, DE 81/10/09 (CJ, ANO VI, TOMO 4, 105)

I – *Aquele que detém um imóvel por simples tolerância (expressa por mero acordo verbal com o proprietário) antes de efectuada a transmissão daquele para si, não tem título legítimo de posse susceptível de ser oposto ao pedido de reivindicação feito pelo referido proprietário.*

II – *Em acção em que apenas se reivindique a propriedade do bem prometido vender, que se encontre na posse do promitente-vendedor, e se não peça simultaneamente a resolução do contrato-promessa de compra e venda, é inviável o pedido de condenação do promitente-comprador na perda do sinal já recebido.*

22 – AC. REL. LISBOA, DE 90/02/05 (CJ, ANO XV, TOMO 2, 278)

I – *A acção destinada a obter a execução específica de um contrato-promessa de compra e venda de imóvel, desprovido de eficácia real, não tendo por fim o reconhecimento, constituição, modificação ou extinção de um direito de propriedade, mas a sua transmissão do promitente-vendedor para o promitente-comprador, não é de considerar na alínea a) do n.º 1 do art. 2.º do Cód. Reg. Predial.*
II – *O registo dessa acção é de todo irrelevante, não gozando, por isso, de qualquer eficácia relativamente ao terceiro adquirente, ainda que o registo de aquisição seja posterior àquele.*

23 – AC. REL. LISBOA, DE 88/06/30 (CJ, ANO XIII, TOMO 3, 170)

I – *É legalmente possível um contrato-promessa de partilha de património colectivo.*
II – *Um contrato-promessa de partilha de bens é susceptível de execução específica.*

24 – AC. STJ, DE 87/11/26 (BMJ 371, 448)

Tendo sido acordado entre as partes contratantes de um contrato-promessa, a liberdade de nomeação, pelo réu, de um terceiro contratante de um contrato definitivo (não se tendo obrigado o réu a vir a ser ele um dos signatários do contrato definitivo, mas sim esse terceiro), verifica-se a oposição – prevista pelo n.º 1 do art. 830.º do Cód. Civil – da natureza da obrigação assumida, motivo de exclusão da execução específica.

25 – AC. REL. LISBOA, DE 87/05/28 (CJ, ANO XII, TOMO 3, 97)

I – *O não cumprimento, pressuposto da execução específica do contrato-promessa (art. 830.° do Cód. Civil), é a simples constituição em mora.*
II – *Se as partes não estabelecerem qualquer prazo para a celebração do contrato prometido (compra e venda de fracção urbana) limitando-se a dispor que a escritura só poderia ser realizada depois da conclusão do edifício e da submissão deste ao regime de propriedade horizontal, qualquer delas, verificados estes pressupostos, poderá exigir o cumprimento da obrigação, recorrendo para o efeito à interpelação judicial ou extrajudicial.*
III – *Quando as partes nada dispuserem sobre quem deveria fixar o prazo para a celebração do contrato prometido, é de presumir que qualquer delas o poderia fazer, sem necessidade de recurso ao tribunal.*
IV – *Celebrado o contrato-promessa em época caracterizada por elevadas taxas de inflação anuais e sendo de prever que o contrato prometido não poderia ser celebrado antes de decorridos muitos meses, o facto de os efeitos da inflação se continuarem a fazer sentir, porventura, até de forma mais gravosa do que a eventualmente prevista, não constitui alteração de circunstâncias relevantes para efeitos do art. 437.° do Cód. Civil.*

26 – AC. REL. PORTO, DE 87/01/06 (CJ, ANO XII, TOMO 1, 191)

I – *A celebração de um contrato-promessa de venda de um imóvel comum por um só dos cônjuges, sem eficácia real, mas com entrega do imóvel é, em princípio insusceptível de execução específica.*
II – *Essa insusceptibilidade de execução específica só se verifica enquanto estiver em colisão com a exigência de consentimento de ambos os cônjuges e, por isso, enquanto semelhante situação não perdurar por mais dos 6 meses ou dos 3 anos previstos no art. 1687.°, n.° 3, do Cód. Civil.*

27 – AC. STJ, DE 83/03/15 (BMJ 325, 561)

O promitente-comprador pode fazer declarar o não cumprimento definitivo, por banda dos promitentes-vendedores, antes do momento em que o contrato devia ser cumprido, para obter a execução específica do contrato prometido.

28 – AC. STJ, DE 85/11/21 (BMJ 351, 332)

I – *Tendo sido celebrado um contrato-promessa de compra e venda de um andar, no qual ficou estabelecida a possibilidade de o promitente-comprador fazer uso dele até à conclusão do contrato prometido, ou até à caducidade ou resolução do contrato-promessa, não pode o proprietário e promitente-vendedor vir a reivindicar a entrega do andar, enquanto não se provar que houve incumprimento do contrato devido a culpa do promitente-comprador.*

II – *Tendo os autores e promitentes-vendedores formulado um pedido de entrega do andar, que se encontrava ocupado por virtude da cláusula inserta no contrato, e outro de resolução do contrato-promessa de compra e venda, não pode conhecer-se no saneador o primeiro pedido, se não há ainda condições para conhecer o segundo, sendo irrelevante a afirmação dos autores de que estão desinteressados de contratar.*

29 – AC. REL. LISBOA, 90/01/18 (CJ, ANO XV, TOMO 1, 1419)

I – *Há incumprimento culposo do contrato-promessa de compra e venda de prédio a construir, se as obras estão condicionadas por factores que o promitente-vendedor não pode controlar, como é o caso de vultuosas despesas públicas em infra-estruturas e na construção de uma ponte.*

II – *Resolvido o contrato-promessa por haver incumprimento definitivo, a cláusula penal indemnizatória de 6% sobre as quantias a restituir, prevista para a falta de cumpri-*

mento, deve funcionar a partir do tempo em que se previa a efectivação da escritura.

30 – AC. REL. LISBOA, 86/12/11 (CJ, ANO XI, TOMO 5, 153)

A resolução do contrato-promessa bilateral com base em mora só pode produzir-se quando se objectivarem factos ou circunstâncias que revelem que a mora se converteu em não cumprimento definitivo ou que o credor perdeu o interesse que tinha na prestação ou esta não foi realizada no prazo razoavelmente fixado.

31 – AC. STJ, DE 86/06/03 (BMJ 358, 483)

I – *O incumprimento temporal e consequente mora, por circunstâncias apenas imputáveis ao promitente-vendedor, bem como a exigência de agravamento de preço, unilateralmente fixado, integram a justa causa de resolução do contrato por parte do promitente-comprador.*

II – *Em consequência, e independentemente da interpelação prevista no art. 805.°, n.° 2, alínea c), do Cód. Civil, fica o promitente-vendedor obrigado à restituição do sinal em dobro.*

32 – AC. REL. LISBOA, DE 86/04/17 (CJ, ANO XI, TOMO 2, 117)

I – *A interpelação, para efeitos de cumprimento de contrato--promessa, pode ser levada a efeito por qualquer meio, desde que suficientemente demonstrada.*

II – *Dá-se por interpelado aquele que declare terminantemente e por escrito que não cumprirá.*

33 – AC. STJ, DE 86/03/06 (BMJ 355., 352)

I – *Não havendo prazo certo para a celebração da escritura de compra e venda, só há mora dos promitentes, após estes terem sido interpelados, nos termos do art. 805.°, n.° 1, do Cód. Civil.*

II – *Na falta da cláusula ou de posterior acordo sobre a data da realização da escritura, impõe a sua fixação judicial, nos termos dos arts. 777.°, n.° 2, do Cód. Civil, e 1456.° do Cód. Proc. Civil, não sendo de pressupor o incumprimento como resultado directo do contrato-promessa.*

III – *A citação para a acção não dispensa a interpelação, quando existe litígio acerca da existência da própria obrigação (art. 662.°, n.° 2, do Cód. Proc. Civil).*

IV – *É insuficiente, nos termos do art. 805.°, n.° 1, do Cód. Civil, a comunicação feita em que não é indicado nem o cartório, nem o local, ou o dia e a hora para a celebração da escritura.*

34 – AC. STJ, DE 83/02/01 (BMJ 324, 552)

Se do incumprimento do contrato-promessa não resultarem prejuízos para o promitente-comprador, que posteriormente se desinteressou da realização do negócio pela ausência de perspectiva de lucro fácil e substancial, justifica-se o uso, pelo tribunal, da faculdade prevista no art. 812.°, n.° 1, do Cód. Civil, reduzindo a pena convencional à restituição simples do sinal prestado.

35 – AC. REL. LISBOA, DE 89/02/23 (CJ, ANO XIV, TOMO 1, 133)

I – *Em contrato-promessa de compra e venda, despido de eficácia real, a venda do objecto do contrato a terceiro impede a execução específica deste.*

II – *O facto de o registo da acção ter precedido o registo da venda a terceiro não tem qualquer relevância para efeitos de execução específica por não ser constitutivo de qualquer direito substantivo sobre a coisa.*

36 – AC. REL. COIMBRA 91/01/08 (CJ, ANO XVI, TOMO 1, 44)

I – *O contrato-promessa de compra e venda de imóvel exige o reconhecimento presencial das assinaturas dos promi-*

tentes e a certificação notarial da existência de licença de utilização ou de construção.

II – A falta de tais requisitos torna o negócio anulável, sendo a nulidade invocável a todo o tempo pelo promitente--comprador, pode ser sanada e não é do conhecimento oficioso do tribunal.

III – O não cumprimento pode ser imputável em igual medida a ambos os contraentes, podendo qualquer deles pedir a resolução; ou não ser imputável a nenhum devendo o "accipiens" restituir a coisa que lhe foi entregue como sinal.

37 – AC. REL. LISBOA 91/02/21 (CJ, ANO XVI, TOMO 1, 158)

I – O n.° 1 do art. 778.° do Cód. Civil, ao reportar-se a obrigações cum voluerit e distinguindo as situações antes e depois do falecimento do devedor, só é aplicável quando o devedor seja pessoa singular.

II – Estabelecendo-se numa promessa de compra e venda de imóvel, que a sociedade promitente-vendedora faça comunicação, para o efeito, ao promitente-comprador, e havendo sinal passado no valor de 50% do preço, com possibilidade de reforço, o promitente-comprador pode recorrer ao tribunal para que fixe prazo certo para a realização do contrato prometido, edificado o prédio e verificadas as formalidades necessárias.

38 – AC. REL. PORTO 91/05/16 (CJ, ANO XVI, TOMO 3, 231)

I – Se, num contrato-promessa, o promitente-vendedor se apresenta (falsamente) como representante do dono e alegando que a procuração se encontra em França – sendo a sua verdadeira intenção comprar ao dono para, depois, vender ao promitente-comprador – ele agiu com reserva mental.

II – Mas esta reserva mental não prejudica a restante parte da declaração perante o qual o promitente-comprador *sabe que não esta a contratar directamente com o dono e que o suposto representante não detém a procuração.*

III – *Por isso, este contrato-promessa é nulo por falta de legitimidade do promitente-vendedor para concluir o negócio, conhecido do promitente-comprador.*

IV – *Neste caso, o dano do promitente-comprador a ser ressarcido é o chamado dano de confiança, resultante da lesão do interesse contratual negativo.*

39 – AC. REL. LISBOA 92/01/21 (CJ, ANO XVII, TOMO 1, 142)

I – *A cláusula "cum voluerit" só se verifica quando a celebração da escritura do contrato prometido foi deixada ao critério ou ao puro arbítrio dos promitentes-compradores.*

II – *Assim, não se verifica tal cláusula se do contrato resulta que, embora o prazo fosse deixado ao critério dos promitentes-compradores, estes deviam fazê-lo em prazo razoável.*

40 – AC. REL. COIMBRA 92/03/24 (CJ, ANO XVII, TOMO 2, 50)

I – *A declaração voluntária feita por um dos contraentes de que não irá cumprir ou de que o não poderá fazer, desde que firme, séria e segura, equivale ao incumprimento definitivo do contrato.*

II – *Esse comportamento declarativo não tem que ser expresso nem reduzido a escrito.*

41 – AC. REL. COIMBRA 92/03/24 (CJ, ANO XVII, TOMO 2, 55)

I – *O crédito pecuniário emergente de contrato-promessa de compra e venda pressupõe incumprimento definitivo ou, em certos casos, mora no cumprimento.*

II – *Não tendo a obrigação de contratar prazo certo, não pode ser reconhecido no processo de liquidação da herança a favor do Estado, em que se integra à coisa objecto do contrato prometido, o crédito do promitente-comprador reclamante, se não alega ter constituído em mora o outro contraente ou qual lhe sucedeu, pela interpelação para celebrar a escritura.*

42 – AC. STJ DE 91/05/02 (BMJ 407, 512)

I – *Estabelecendo-se no contrato-promessa de compra e venda que, no caso da promitente-vendedora faltar ao seu cumprimento, restituirá todas as quantias recebidas da promitente-compradora acrescidas de um juro de 6% ao ano sobre estas importâncias como indemnização total, desde logo sobressai que não foi estabelecida qualquer obrigação de juros, ou seja, como rendimento do capital entregue e com vencimento periódico. Apenas se estipulou uma pena para o caso de não cumprimento, fixando-se o montante dos danos no valor correspondente aos juros de 6% sobre o capital que, à data do não cumprimento, já tenha sido entregue pela promitente--compradora.*

II – *Tratando-se de uma cláusula penal, o seu vencimento não carecia de ser estabelecido, porquanto a pena convencional só se vence quando se verificar o facto para o qual foi estipulada.*

III – *A interpretação da dita cláusula do contrato constitui – uma vez que há divergências de entendimento entre o autor e a ré – uma operação estritamente jurídica e, nessa medida, a sua apreciação é da competência do Supremo Tribunal de Justiça.*

43 – AC. STJ DE 91/09/29 (BMJ 409, 796)

I – *A cláusula do contrato-promessa de compra e venda, segundo a qual o promitente-vendedor se compromete a obter, a favor do promitente-comprador, o alvará de licenciamento necessário à exploração agro-pecuária objecto do contrato, constitui o promitente-vendedor na obrigação de obter o alvará e não apenas na obrigação de diligenciar pela sua obtenção realizando o que seja necessário e fazendo todos os esforços para o efeito.*

II – *Limitando-se o promitente-vendedor a apresentar requerimento para a concessão do alvará, a falta de obtenção deste, indeferido o requerimento, traduz incumprimento do contrato-promessa imputável ao promitente-vendedor, posto que o indeferimento, acto administrativo compreendido na esfera de atribuições da câmara municipal, não constitui "facto de terceiro" susceptível de operar a ilisão da presunção de culpa estabelecida no n.º 1 do art. 799.º do Cód. Civil.*

III – *Em regra, a decisão da segunda instância quanto a matéria de facto não pode ser alterada pelo Supremo (arts. 729.º, n.ᵒˢ 1 e 2, e 722.º, n.º 2, do Cód. Proc. Civil).*

44 – AC. REL. COIMBRA DE 91/07/02 (BMJ 409, 882)

Tendo-se clausulado, no contrato-promessa, que a escritura seria feita logo que o promitente-vendedor obtivesse o alvará de loteamento e o promitente-comprador o exigisse, só pode fixar-se prazo para a celebração da escritura se já foi obtido esse alvará.

45 – AC. STJ 1993/01/07 (CJ, ANO I, TOMO I, 15)

I – *Anulado o contrato de compra e venda por a fracção ter sido prometida vender livre de ónus e encargos e subsistir à data da respectiva escritura, uma hipoteca a onerá-la, e não envolvendo a correspondente acção a extinção do contrato-promessa, renascem as obrigações e direitos deste emergentes.*

II – *A declaração inequívoca e categórica do promitente-vendedor, entretanto declarado falido, de que não cumprirá o contrato-promessa vale como incumprimento definitivo e confere direito ao promitente-comprador de resolver o contrato-promessa.*

46 – AC. REL. COIMBRA 1993/01/12 (CJ, ANO XVIII, TOMO I, 13)

I – *O contrato-promessa de compra e venda de imóveis do casal, celebrado por um dos cônjuges na posição de promitente-vendedor, sem o consentimento do outro, mesmo não vigorando o regime da separação de bens, é válido.*

II – *O cônjuge que não outorgou na promessa de venda não pode ser condenado na restituição do sinal em dobro, se não confirmou, por escrito, o acto do cônjuge outorgante.*

III – *Há incumprimento do promitente-vendedor e não impossibilidade de cumprimento, se não procurou obter o consentimento do cônjuge para a celebração do contrato prometido e ainda recusou receber o reforço do sinal acordado.*

IV – *A restituição do sinal em dobro não pode considerar-se enriquecimento sem causa porque está de harmonia com as cláusulas do contrato-promessa e a lei.*

V – *A proibição de outra indemnização pelo incumprimento, além do dobro do sinal, se for a opção do promitente-comprador, não abrange os juros moratórios sobre aquele montante, mas tão-só os juros compensatórios ou remuneratórios.*

47 – AC. REL. COIMBRA 1993/02/09 (CJ, ANO XVIII, TOMO I, 39)

I – *O princípio da necessidade de interpelação é indiscutível, pois sem o seu cumprimento o devedor pode não saber que está em atraso no cumprimento.*

II – *Se ao devedor for imputável a demora na interpelação, por a ela se esquivar, deve ela considerar-se feita.*

48 – AC. REL. PORTO 1993/01/19 (CJ, ANO XVIII, TOMO I, 203)

I – *A mora do devedor só dá ao credor o direito a resolver o contrato, por incumprimento definitivo, no caso de perda do seu interesse na prestação, ou no caso de esta não poder ser realizada dentro do prazo que razoavelmente for fixado pelo credor.*

II – *Se o promitente-comprador pediu judicialmente a resolução do contrato, por incumprimento do promitente-vendedor, mas não obteve ganho de causa por se ter verificado que não perdera o interesse no contrato prometido, não fica ele por isso impedido de, em acção própria, pedir a execução específica.*

49 – AC. REL. LISBOA 1993/04/29 (BMJ, 426, 515)

É válido o contrato-promessa de coisa alheia.

50 – AC. REL. PORTO 1993/05/31 (BMJ, 427, 580)

O direito do promitente não faltoso de resolver o contrato-promessa de compra e venda e exigir o valor da coisa ou o aumento intercalar do valor depende da simples mora.

51 – STJ ASSENTO N.º 4/94 DR, I-A, 1994/03/23

A dívida de restituição do sinal em dobro, por incumprimento de contrato-promessa de compra e venda de coisa imóvel, celebrado por um dos cônjuges, comerciante, no exercício da sua actividade comercial, como promitente-vendedor, é da responsabilidade de ambos os cônjuges, nos termos e com as ressalvas previstas no art. 1691.º, n.º 1, alínea d)*, do Cód. Civil.*

52 – AC. REL. COIMBRA BMJ 447, 581 1995-05-02

É válido o contrato-promessa de compra e venda de imóvel que não pertence ao promitente-vendedor.

4.3. A Interpelação Admonitória

O atraso no cumprimento do contrato-promessa constitui em mora o promitente faltoso.

Para falar-se de mora é, no entanto, necessário que por parte do credor não tenha desaparecido ou cessado (objectivamente) o interesse na execução do contrato-promessa.

É também necessário que a prestação, embora retardada, seja ainda possível (ver nota 95).

Certos contratos-promessa não poderão comportar atrasos, mercê por exemplo, da essencialidade ou da rigidez do termo (essencialidade subjectiva).

Os promitentes fixam como essencial o termo[94], por exemplo, estabelecem um prazo limite improrrogável; ultrapassado este prazo, verifica-se incumprimento definitivo com direito à resolução imediata por parte do credor; ou, noutros casos, os promitentes acordam em que esgotado o prazo improrrogável, o credor pode resolver o contrato ou exigir o cumprimento retardado acrescido de indemnização.

Outras vezes, o termo é essencial pela natureza ou pela modalidade da prestação, tornando-se inútil para o credor uma prestação tardia.

As partes podem também convencionar o direito de resolver o contrato, quando certa e determinada obrigação não seja pontualmente cumprida, incluindo o prazo estipulado no contrato[95].

Se uma das partes não cumpre a obrigação especificada segundo as modalidade estabelecidas, incluindo entre estas o prazo, a outra tem o direito de declarar imediatamente a resolução do contrato, podendo embora, se o preferir, optar por exigir o cumprimento retardado.

Mas, não sendo o caso de perda do interesse (apreciada objectivamente), nem de impossibilidade de conclusão do negócio, perante

---

[94] Cfr. CALVÃO DA SILVA, *Sinal E Contrato-Promessa*, cit., p. 102.
[95] Cfr. CALVÃO DA SILVA, *Sinal E Contrato-Promessa*, cit., p. 103.

um atraso do outro promitente, ou um provisório incumprimento, ou por recusa de cumprimento da promessa, o promitente não faltoso (nos contratos-promessa de compra e venda de fracção autónoma de prédio urbano) tem a faculdade de recorrer à execução específica do contrato[96] e, por outro lado, pode optar por fixar um prazo razoável dentro do qual o devedor poderá ainda cumprir[97], sob cominação de a mora se converter em incumprimento definitivo com a consequente resolução do contrato(é a designada interpelação admonitória).

---

[96] Como já referimos supra, a execução específica é inviável em situações como as seguintes:
– Perda, destruição, ou transformação, total ou significativa, voluntária ou involuntária da coisa (mesmo após a mora);
– Recusa de consentimento do cônjuge capaz não vinculado;
– Recusa do proprietário do bem prometido vender, face à obrigação assumida pelo promitente-vendedor de que aquele venderia a coisa ao promitente-comprador;
– Alienação ou oneração do bem prometido vender (em promessa destituída de «eficácia real»);
– sempre que o contrato incida sobre bens ainda não existentes (que estejam a ser construídos ou de que exista um simples projecto);
– Sempre que o contrato incida sobre coisas genéricas ou alternativas (a sentença não funcionaria como título translativo, na ausência do acto de individualização);
– Sempre que o requerente não consignar em depósito a sua prestação, no prazo que lhe for fixado pelo tribunal (artigo 830.º, 5 do Código Civil.);
– Quando se mostrar «inconveniente» (para o promitente-comprador, para a massa falida ou insolvente);
– Quando tiver sido penhorado o bem;
– Quando tiver sido declarada a falência ou insolvência de qualquer dos promitentes.

[97] Artigo 808.º, do Código Civil
(Perda do interesse do credor ou recusa do cumprimento):
"1. Se o credor, em consequência da mora, perder o interesse que tinha na prestação, ou esta não for realizada dentro do prazo que razoavelmente for fixado pelo credor, considera-se para todos os efeitos não cumprida a obrigação.
2. A perda do interesse na prestação é apreciada objectivamente."

Se a obrigação não for realizada dentro deste prazo, considera-se para todos os efeitos não cumprida.

Numa hipótese destas, a simples mora converte-se em incumprimento definitivo, dando ao promitente não faltoso o direito de resolução do contrato.

4.3.1. Sumários de Jurisprudência

1 – AC. STJ DE 28.04.1998 – IN COL. JUR., 1998 – TOMO II, P. 64

I – *A mora não afecta a subsistência das obrigações, pois se mantêm vinculativas e exigíveis, apenas com as alterações de regime ditadas pelos artigos 804.° n.° 1 e 806.° a 808.°, do Cód. Civil.*

II – *A interpelação dos promitentes-compradores aos promitentes-vendedores para estes designarem dia e cartório para celebração da escritura, sob cominação de recurso à via judicial, não é admonitória.*

III – *Prometido vender um prédio rústico em 1983, a existência de sinal conduz a ter como afastada pelas partes a execução específica.*

IV – *O regime consagrado pelo Dec.-Lei n.° 379/86 tem natureza interpretativa, aplicando-se aos contratos-promessa anteriores.*

2 – AC. STJ DE 21.05.1998 – IN COL. JUR., 1998 – TOMO II, P. 91

I – *Ao promitente faltoso não é lícito, no contrato bilateral, invocar o seu próprio incumprimento como fundamento da resolução do contrato.*

II – *A resolução do contrato só é permitida quando haja incumprimento definitivo, imputável ao devedor.*

III – *A mora, porém, converte-se em incumprimento definitivo, tanto pela perda subsequente do interesse do credor (apreciada objectivamente), como pela interpelação admonitória.*

IV – *O comportamento do promitente-vendedor que exprima a vontade de não querer cumprir reconduz-se ao conceito de recusa ou falta de cumprimento.*
V – *É admissível a execução específica do contrato-promessa tanto no caso de mora como no de verdadeira falta de cumprimento do contrato.*
VI – *O n.º 3 do art. 830.º, do Cód. Civil, na redacção do Dec.- -Lei n.º 379/86, é interpretativo perante os contratos- -promessa nele previstos – os aludidos no art. 410.º n.º 3, do mesmo Código – e aplica-se aos que tenham sido violados após 18-07-80.*

3 – AC. STJ DE 26.05.1998 – IN COL. JUR.1998 – TOMO II, P.100

I – *A aplicação das sanções previstas no art. 442.º, do Cód. Civil, pressupõe o incumprimento definitivo do contrato- -promessa, não bastando a simples mora.*
II – *A recusa peremptória do devedor em cumprir a prestação, comunicada ao credor, constitui incumprimento.*
III – *O incumprimento é imputável a ambas as partes se o promitente-vendedor declara a resolução do contrato quando a promitente-compradora se encontrava numa simples situação de mora e se esta, por seu turno, incorreu num atraso, não justificado, de quase três meses no reforço do sinal, afectando a confiança da outra parte no posterior desenvolvimento do negócio.*
IV – *Sendo o incumprimento imputável a ambos os contraentes, é aplicável à respectiva obrigação de indemnização o disposto no art. 570.º, n.º 1 do Cód. Civil.*

4 – AC. STJ DE 29.09.1998 – IN COL. JUR., 1998 – TOMO III, P. 45

I – *Na acção fundada em responsabilidade contratual, o autor não tem que provar nem a culpa, nem o não cumprimento, mas tão só a constituição da obrigação.*
II – *Normalmente, a exigência prematura do cumprimento da obrigação, por via de acção, não impede a pro-*

cedência desta, dado o disposto no art. 662.º, do Cód. Proc. Civil.

III – *A acção para obtenção de execução específica de contrato-promessa não pode proceder se a coisa pertence já a terceiro.*

IV – *O art. 662.º, do Cód. Proc. Civil não é aplicável à acção para execução específica de contrato-promessa com prazo certo, que não pode proceder se este ainda não decorreu.*

V – *Cabendo ao promitente-vendedor a marcação da escritura e a intimação do outro contraente, recai sobre ele o ónus da respectiva prova.*

VI – *Embora o não cumprimento seja facto constitutivo do direito à resolução, recai sobre o devedor o ónus de provar que cumpriu.*

4.4. Resolução [98]

Já foram referidas várias situações em que o contrato definitivo não pode ser celebrado.

---

[98] Resolução do contrato – Artigo 432.º, do Código Civil
(Casos em que é admitida):
"1. É admitida a resolução do contrato fundada na lei ou em convenção.
2. A parte, porém, que, por circunstâncias não imputáveis ao outro contraente, não estiver em condições de restituir o que houver recebido não tem o direito de resolver o contrato."
Artigo 433.º, do Código Civil
(Efeitos entre as partes):
" Na falta de disposição especial, a resolução é equiparada, quanto aos seus efeitos, à nulidade ou anulabilidade do negócio jurídico, com ressalva do disposto nos artigos seguintes."
Artigo 434.º, do Código Civil
(Retroactividade):
"1. A resolução tem efeito retroactivo, salvo se a retroactividade contrariar a vontade das partes ou a finalidade da resolução.
2. Nos contratos de execução continuada ou periódica, a resolução não

Umas vezes, não é celebrado por incumprimento – como consequência necessária ou co-natural ao vencimento de termo essencial, ou derivado de uma mora convertida em incumprimento definitivo, na sequência de interpelação admonitória, ou ainda, derivado de uma impossibilidade de cumprimento, que pode ser imputável ou não imputável – outras vezes, não pode ser celebrado por ineficácia e, noutros casos, em virtude de nulidade ou de anulação.

Nas hipóteses de resolução do contrato-promessa, por incumprimento culposo unilateral[99], ao promitente lesado, não culpado, será devida uma indemnização, nos termos do n.º 4 do artigo 442.º, ou seja, de acordo com o *clausulado no contrato*.

Existindo convenção de sinal, pode ter lugar a perda do sinal ou a restituição do sinal em dobro; e tendo havido *traditio rei*, o promitente-comprador pode optar pelo aumento do valor da coisa acrescido do sinal e da parte do preço que tenha pago.

«Na ausência de estipulação em contrário, não há lugar, pelo não cumprimento do contrato, a qualquer outra indemnização, nos casos de perda do sinal ou de pagamento do dobro deste, ou do

---

abrange as prestações já efectuadas, excepto se entre estas e a causa de resolução existir um vínculo que legitime a resolução de todas elas."

Artigo 435.º, do Código Civil
(Efeitos em relação a terceiros):
"1. A resolução, ainda que expressamente convencionada, não prejudica os direitos adquiridos por terceiro.
2. Porém, o registo da acção de resolução que respeite a bens imóveis, ou a móveis sujeitos a registo, torna o direito de resolução oponível a terceiro que não tenha registado o seu direito antes do registo da acção."

Artigo 436.º, do Código Civil
(Como e quando se efectiva a resolução):
"1. A resolução do contrato pode fazer-se mediante declaração à outra parte.
2. Não havendo prazo convencionado para a resolução do contrato, pode a outra parte fixar ao titular do direito de resolução um prazo razoável para que o exerça, sob pena de caducidade."

[99] São de considerar, além destas, as situações de concurso de culpas e as situações justificativas de uma recusa de cumprimento, que não conferem direito à resolução por parte do contraente faltoso.

aumento do valor da coisa ou do direito à data do não cumprimento», n.º 4 do artigo 442.º, do Código Civil.

4.4.1. Sumários de Jurisprudência

1 – AC. STJ, DE 87/01/29 (BMJ 363, 529)

   I – *Constitui revogação e não resolução do contrato, a convenção pela qual os contraentes estipulam pôr fim a um contrato de promessa de compra e venda recebendo o promitente-comprador as quantias que havia desembolsado e respectivos juros.*

   II – *A revogação dos contratos fundamenta-se no art. 406.º do Cód. Civil e os seus efeitos só se produzem para o futuro.*

2 – AC. REL. LISBOA, DE 88/01/07 (CJ, ANO XIII, TOMO 1,105)

   I – *Estipulando-se, no contrato-promessa de compra e venda de fracção autónoma, a sua alienação sem quaisquer ónus ou encargos, mas subsistindo uma hipoteca constituída pelo promitente-vendedor na data marcada para a escritura, não são os promitentes-compradores responsáveis pelo incumprimento.*

   II – *Tratando-se de ónus que pode ser expurgado, não se verifica impossibilidade definitiva na realização de uma das prestações, e não têm os promitentes-compradores obrigação de indemnizar.*

3 – AC. STJ, DE 87/11/10 (BMJ 371, 414)

   I – *Se o prazo fixado num contrato-promessa para a celebração de escritura de compra e venda não era essencial ou necessário, ultrapassado aquele período de tempo não se seguia automaticamente o direito do promitente-vendedor a resolver o contrato.*

II – *Não é caso de recurso ao tribunal, quando a determinação do prazo for deixada, ao credor (contraente-cumpridor) e este (promitente-comprador) usou desta faculdade, marcando data e local para a outorga da escritura.*
III – *Em qualquer caso, haja ou não sinal, haja ou não cláusula penal, se alguém se tiver obrigado a celebrar certo contrato e não cumprir a promessa, pode a outra parte, desde que a isso não se oponha a natureza da obrigação assumida, obter sentença que produza os efeitos da declaração negocial do faltoso.*

4 – AC. REL. LISBOA, DE 87/11/03 (CJ, ANO XII, TOMO 5, 87)

O promitente-comprador, em caso de incumprimento por parte do promitente-vendedor, não pode reclamar juros moratórios, a partir da interpelação, sobre o sinal em dobro por este devido.

5 – AC. REL. LISBOA, DE 87/06/02 (CJ, ANO XII, TOMO 3, 108)

I – *A quantia entregue pelo promitente-comprador ao promitente-vendedor, no acto da celebração do contrato-promessa, tem carácter de sinal, ainda que corresponda ao montante do preço acordado.*
II – *A resolução do contrato-promessa e as sanções da perda do sinal ou da sua restituição em dobro só tem lugar no caso de inadimplemento definitivo do mesmo contrato.*
III – *O mero interesse subjectivo do promitente-comprador em não outorgar o negócio prometido por inobservância do prazo estabelecido não integra um caso de falta de interesse para efeitos do art. 808.º do Cód. Civil.*

6 – AC. REL. LISBOA, DE 86/12/11 (CJ, ANO XI, TOMO 5, 153)

I – *A tradição para o promitente-comprador do objecto do contrato-promessa, confere a este uma posse legítima e não meramente precária – art. 442.º Cód. Civil, red. Dec.-Lei n.º 236/80, de 18/7.*

II – *A resolução do contrato-promessa bilateral com base em mora só pode produzir-se quando se objectivarem factos ou circunstâncias que revelem que a mora se converteu em não cumprimento definitivo ou que o credor perdeu o interesse que tinha na prestação ou esta não foi realizada no prazo razoavelmente fixado.*

7 – AC. STJ, DE 86/12/10 (BMJ 362, 531)

I – *Provado que o incumprimento de um contrato-promessa de compra e venda de imóvel se verificou em 20 de Outubro de 1980 e que houvera tradição da coisa, é aplicável o regime instituído no n.º 2 do art. 442.º do Cód. Civil, na redacção que lhe deu o art. 1.º do Dec.-Lei n.º 236/80, de 18 de Julho, quanto ao direito ao valor respectivo, por força do disposto nos arts. 2.º e 3.º do mesmo diploma legal.*

II – *Provados na Relação factos demonstrativos de que a não celebração de um contrato definitivo de compra e venda de um imóvel ajustado em contrato-promessa se deveu a culpa do promitente-vendedor, não pode o Supremo Tribunal de Justiça concluir de direito diferentemente em recurso de revista.*

III – *Sendo certo, ao tempo do incumprimento a que respeitam os itens anteriores, o valor da coisa referido no item primeiro, a condenação a pagar o seu quantitativo não depende de liquidação posterior à decisão.*

8 – AC. REL. PORTO, DE 86/03/20 (BMJ 355, 432)

Condenado o promitente-vendedor, pelo incumprimento do contrato-promessa de compra e venda, ao pagamento à parte contrária, da cláusula penal estipulada, a esta acrescem os juros moratórios contados desde o trânsito em julgado da decisão condenatória até efectivo pagamento integral.

9 – AC. STJ, DE 85/05/02 (BMJ 347, 375)

I – *Em acção destinada a resolver um contrato-promessa e a pedir a restituição do sinal, a causa de pedir é constituída pelos factos concretos demonstrativos da inexecução culposa da promessa por parte do outro promitente.*

II – *O juiz não modifica a causa de pedir invocada na petição inicial se aprecia e decide a acção com base nos mesmos factos concretos reveladores do inadimplemento culposo, alegados pelo autor, apesar de este ser pressuposto da validade da promessa de uma quota sobre um imóvel e de o juiz, só através da conversão dos negócios (art. 293.° do Cód. Civil), ter reputado válida a promessa e haver decidido que esta incidira sobre aquele imóvel.*

III – *Os arts. 798.°, 801.°, 804.° e 808.° do Cód. Civil, aplicáveis aos contratos em geral, também são de observar quanto ao contrato-promessa.*

IV – *A resolução da promessa e as sanções da perda do sinal ou da sua restituição em dobro (art. 442.° do Cód. Civil) só tem lugar no caso de inadimplemento definitivo da promessa.*

V – *Se houver simples mora da parte de algum dos promitentes, já não se aplica o disposto no art. 442.°, n.° 2 do Cód. Civil, embora o promitente lesado tenha direito a uma reparação pelos danos causados, nos termos gerais do art. 804.° do Cód. Civil.*

VI – *Também no contrato-promessa os dois casos previstos no art. 808.° do Cód. Civil são equiparados ao não cumprimento definitivo.*

VII – *Assim, o mero interesse subjectivo do promitente-vendedor em não outorgar no negócio prometido, devido à inobservância dos prazos estabelecidos, não integra um caso de falta de interesse para efeitos do art. 808.° do Cód. Civil, do mesmo modo como não traduz um prazo especial razoável o intervalo de tempo de seis dias concedido ao promitente-comprador, quer para intervir na escritura e se apresentar ao notário com os documentos indispensáveis, quer para reunir as somas em dinheiro necessárias para liquidar o devido à contraparte.*

10 – AC. REL. PORTO, DE 85/03/19 (CJ, ANO X, TOMO 2, 219)

Havendo incumprimento por parte do promitente-vendedor, o promitente-comprador, além do direito à restituição do sinal em dobro, tem direito ainda aos juros moratórios a partir da interpelação.

11 – AC. STJ, DE 85/02/13 (BMJ 344, 419)

Desde que se fixou prazo para o cumprimento do contrato- -promessa e tal prazo expirou sem que se celebrasse o contrato prometido, há que concluir que o seu incumprimento se verificou findo esse prazo.

12 – AC. REL. ÉVORA, DE 84/01/19 (CJ, ANO IX, TOMO 1, 284)

Os contraentes de contrato-promessa, decorrido o prazo estipulado para a celebração do contrato prometido, continuam vinculados ao seu cumprimento, desde que não o tenham resolvido.

13 – AC. STJ, DE 83/03/24 (BMJ 325, 570)

A mulher casada que não outorgou em contrato-promessa não pode ter faltado ao seu cumprimento, e por isso não pode ser condenada em indemnização, mas apenas na restituição do sinal recebido, se a dívida é comunicável.

14 – AC. STJ, DE 83/03/19 (BMJ 345, 400)

I – Tendo-se celebrado uma promessa de compra e venda de um prédio urbano, com a estipulação de que a escritura seria celebrada dentro de 180 dias a contar da data da obtenção da licença de habitação, compete ao promitente-vendedor interpelar o promitente-comprador para a realização da escritura, dado tratar-se de um prazo incerto ou infixo. Não o tendo feito, verifica-se incumprimento do contrato da sua parte, pelo que deverá restituir em dobro o sinal recebido.

II – *Se o devedor comunica ao credor, de forma categórica e definitiva, a sua intenção de não cumprir fica desde logo em falta sem necessidade da interpelação de não cumprimento.*

15 – AC. REL. LISBOA, DE 83/03/03 (CJ, ANO VIII, TOMO 2, 101)

No contrato-promessa de compra e venda de um imóvel em que se estabeleceu um prazo fixo absoluto, mas se não estipulou a favor de quem o mesmo foi feito, tem de se entender que a responsabilidade pela não celebração do contrato prometido dentro desse prazo é recíproca, desde que não houve interpelação de uma parte à outra do dia, hora e local para a celebração da escritura e não estavam determinados naquele contrato-promessa.

16 – AC. REL. LISBOA, DE 82/01/29 (CJ, ANO VII, TOMO 1, 164)

A partir da interpelação para a restituição do sinal em dobro, ficou vencida a obrigação do pagamento e são exigíveis juros de mora.

17 – AC. REL. LISBOA, DE 81/10/09 (CJ, ANO VI, TOMO 4, 105)

I – *Aquele que detém um imóvel por simples tolerância (expressa por mero acordo verbal com o proprietário) antes de efectuada a transmissão daquele para si, não tem título legítimo de posse susceptível de ser oposto ao pedido de reivindicação feito pelo referido proprietário.*

II – *Em acção em que apenas se reivindique a propriedade do bem prometido vender, que se encontre na posse do pro-*

mitente-vendedor, e se não peça simultaneamente a resolução do contrato-promessa de compra e venda, é inviável o pedido de condenação do promitente-comprador na perda do sinal já recebido.

18 – AC. REL. LISBOA, 90/01/18 (CJ, ANO XV, TOMO 1, 1419)

I – *Há incumprimento culposo do contrato-promessa de compra e venda de prédio a construir, se as obras estão condicionadas por factores que o promitente-vendedor não pode controlar, como é o caso de vultuosas despesas públicas em infra-estruturas e na construção de uma ponte.*

II – *Resolvido o contrato-promessa por haver incumprimento definitivo, a cláusula penal indemnizatória de 6% sobre as quantias a restituir, prevista para a falta de cumprimento, deve funcionar a partir do tempo em que se previa a efectivação da escritura.*

19 – AC. REL. COIMBRA, 87/10/20 (CJ, ANO XII, TOMO 4, 87)

I – *A resolução do contrato (art. 801.º n.º 2 do Cód. Civil.) só tem lugar se a prestação se tornar impossível por culpa do devedor, impossibilidade que não se verifica nas obrigações pecuniárias.*

II – *Se as partes convencionarem expressamente uma taxa de juro que correspondia na altura ao juro legal, a alteração deste não permite a actualização dos juros para a nova taxa fixada, sem demonstração de que a vontade das partes foi a de se remeterem para o juro legal.*

20 – AC. REL. COIMBRA, 89/01/24 (CJ, ANO XIV, TOMO 1, 44)

I – *O contrato de compra e venda não pode ser resolvido com base na falta de pagamento de preço e este é representado por certa quantia em dinheiro.*

II – *Dizendo-se na escritura que a venda de um prédio é feita por certa quantia e mais dois lotes de terreno, estes não podem considerar-se preço e o contrato é de compra e venda na parte relativa ao preço e no demais de troca.*
III – *À falta de entrega dos lotes é aplicável a causa de resolução do contrato nos termos gerais.*
IV – *O contrato só é resolvido se uma das partes tiver perdido o interesse no cumprimento ou este se tornar impossível.*

21 – AC. REL. COIMBRA, 88/10/18 (CJ, ANO XIII, TOMO 4, 86)

I – *Estando em causa o cumprimento dum contrato de promessa de compra e venda de terreno que faz parte dum prédio sujeito a loteamento e sem alvará, cabe ao autor provar a existência do contrato e ao réu a impossibilidade de obter o alvará.*
II – *Fixando-se uma data para a outorga da escritura de venda dum lote e decorrendo aquela data sem que se obtivesse o alvará, não tinha o comprador de interpelar o vendedor para cumprir.*
III – *Não conseguindo o vendedor obter o alvará na data prometida para a outorga da escritura é-lhe imputável o não cumprimento do contrato.*
IV – *Os juros apenas estão sujeitos a imposto sobre aplicação de capitais quando forem estipulados no contrato (art. 3.º, C. I. Capitais).*
V – *Interpelado o réu para restituir o sinal em dobro e não o fazendo, deve, além do dobro do sinal, os juros que entretanto se vençam.*

22 – AC. STJ, DE 86/06/03 (BMJ 358, 483)

I – *O incumprimento temporal e consequente mora, por circunstâncias apenas imputáveis ao promitente-vendedor, bem como a exigência de agravamento de preço, unilateralmente fixado, integram a justa causa de resolução do contrato por parte do promitente-comprador.*

II – *Em consequência, e independentemente da interpelação prevista no art. 805.° n.° 2, alínea c), do Cód. Civil, fica o promitente-vendedor obrigado à restituição do sinal em dobro.*

23 – AC. REL. LISBOA, DE 86/04/17 (CJ, ANO XI, TOMO 2, 117)

I – *A interpelação, para efeitos de cumprimento de contrato--promessa, pode ser levada a efeito por qualquer meio, desde que suficientemente demonstrada.*
II – *Dá-se por interpelado aquele que declare terminantemente e por escrito que não cumprirá.*

24 – AC. STJ, DE 86/03/06 (BMJ 355, 352)

I – *Não havendo prazo certo para a celebração da escritura de compra e venda, só há mora dos promitentes, após estes terem sido interpelados, nos termos do art. 805.° n.° 1, do Cód. Civil.*
II – *Na falta da cláusula ou de posterior acordo sobre a data da realização da escritura, impõe a sua fixação judicial, nos termos dos arts. 777.°, n.° 2, do Cód. Civil, e 1456.° do Cód. Proc. Civil, não sendo de pressupor o incumprimento como resultado directo do contrato--promessa.*
III – *A citação para a acção não dispensa a interpelação, quando existe litígio acerca da existência da própria obrigação (art. 662.°, n.° 2, do Cód. Proc. Civil).*
IV – *É insuficiente, nos termos do art. 805.°, n.° 1, do Cód. Civil, a comunicação feita em que não é indicado nem o cartório, nem o local, ou o dia e a hora para a celebração da escritura.*

25 – AC. STJ, DE 86/10/14 (BMJ 360, 526)

A – *Um escrito que contenha a designação de "solicitação", mostrando-se assinado pelas partes a que respeita e acei-*

tando elas o seu teor e que insira uma promessa de venda, não se trata de mera "solicitação" ou proposta, mas sim de efectivo contrato que finalizou as negociações havidas, dada a perfeição das negociações convergentemente assumidas, dado que o juiz, nos termos do art. 664.º do Cód. Proc. Civil, não está adstrito à qualificação jurídica feita pelas partes;

B – *As minutas, embora vulgarmente sejam assimiladas a rascunhos ou apontamentos, são juridicamente, os documentos que formalizam o andamento das negociações, delas resultando os pontos em que ainda não foi conseguido acordo, apresentando inquestionável importância na formação progressiva dos contratos;*

C – *A pessoa que assinou um escrito instrumento de um contrato-promessa, no local destinado à assinatura do promitente-vendedor, mesmo que se trate de um mero vendedor deste, estando por ele mandatado e portanto autorizado a subscrevê-lo como mandatário ou comissário, vinculou o promitente-vendedor nos termos desse documento escrito;*

D – *Do mero decurso do prazo para cumprimento do contrato-promessa, apenas resulta a mora do devedor, não se transformando automaticamente em contrato definitivo, pois se verifica, entretanto, uma situação de provisória inexecução da prestação;*

E – *Para que se considere, para todos os efeitos, não cumprida a obrigação, torna-se necessário que o credor, em consequência da mora, venha a perder o interesse que tinha na prestação ou que esta não venha a ser realizada dentro do prazo que razoavelmente for fixado pelo credor. O interesse do credor tem de ser apreciado objectivamente, exigência que é feita para salvaguardar o princípio da segurança jurídica e para assim se evitar que o devedor fique sujeito aos caprichos do credor ou à perda infundada do interesse na prestação;*

F – *A falta da resposta às cartas do autor, a não satisfação voluntária da indemnização a que este se julgava com direito e a não conversão da sua posição credora em capital da empresa, não interferem com qualquer finalidade da compra prometida, por tais circunstâncias serem inteiramente laterais ao objecto do contrato, não podendo fundamentar a resolução do contrato.*

26 – AC. REL. LISBOA, DE 84/10/11 (CJ, ANO IX, TOMO 4, 110)

I – *Por interpelação entende-se a comunicação feita ao devedor pelo credor de que deve efectuar a prestação, de que deve cumprir.*
II – *O n.º 1 do art. 830.º do Cód. Civil. aplica-se a todos e quaisquer contratos-promessa em que à execução específica não se oponha a natureza da obrigação assumida, pelo que abrange também os contratos que tenham por objecto prédios rústicos.*

27 – AC. REL. COIMBRA 92/03/24 (CJ, ANO XVII, TOMO 2, 146)

I – *O pedido do promitente-comprador de condenação do promitente-vendedor a pagar-lhe o valor da coisa, objecto do contrato, nos termos do art. 442.º n.º 2 do Cód. Civil, e a reconhecer-lhe o direito de retenção dessa coisa pelo referido crédito (art. 755.º n.º 1 f)) baseia-se no incumprimento definitivo e culposo do contrato pelo promitente-vendedor e tem como pressuposto a resolução do contrato.*
II – *Só a mora, e não o incumprimento definitivo, dá direito ao contraente não faltoso de requerer a execução específica do contrato, nos termos do art. 830.º do Cód. Civil.*

28 – AC. REL. COIMBRA 92/09/29 (CJ, ANO XVII, TOMO 4, 79)

I – *O direito de resolução do contrato-promessa não pressupõe a culpa do devedor, bastando o inadimplemento.*

II – *Um desvio grave na execução do contrato em relação ao programa negocial pode constituir inadimplemento capaz de fundamentar a resolução.*

III – *A propositura da acção equivale à declaração de resolução do contrato-promessa e a cessação posterior da causa não impede o exercício do direito.*

29 – AC. REL. PORTO 92/09/21 (CJ, ANO XVII, TOMO 4, 240)

O promitente-comprador pode resolver o contrato-promessa e exigir a restituição do sinal em dobro, verificada a simples mora do promitente-vendedor, não tendo que comprovar a perda do interesse objectivo no cumprimento ou que recorrer previamente à intimação admonitória para cumprimento, e aguardar o decurso do prazo fixado, nos termos do art. 808.° do Cód. Civil.

30 – AC. STJ DE 91/09/29 (BMJ 409, 796)

I – *A cláusula do contrato-promessa de compra e venda, segundo a qual o promitente-vendedor se compromete a obter, a favor do promitente-comprador, o alvará de licenciamento necessário à exploração agro-pecuária objecto do contrato, constitui o promitente-vendedor na obrigação de obter o alvará e não apenas na obrigação de diligenciar pela sua obtenção realizando o que seja necessário e fazendo todos os esforços para o efeito.*

II – *Limitando-se o promitente-vendedor a apresentar requerimento para a concessão do alvará, a falta de obtenção deste, indeferido o requerimento, traduz incumprimento do contrato-promessa imputável ao promitente-vendedor, posto que o indeferimento, acto administrativo compreendido na esfera de atribuições da câmara municipal, não constitui "facto de terceiro" susceptível de operar a ilisão da presunção de culpa estabelecida no n.° 1 do art. 799.° do Cód. Civil.*

III – Em regra, a decisão da segunda instância quanto a matéria de facto não pode ser alterada pelo Supremo (arts. 729.º, n.ºˢ 1 e 2 e 722.º, n.º 2, do Cód. Proc. Civil).

31 – AC. REL. COIMBRA 1993/01/12 (CJ, ANO XVIII, TOMO I, 13)

I – O contrato-promessa de compra e venda de imóveis do casal, celebrado por um dos cônjuges na posição de promitente-vendedor, sem o consentimento do outro, mesmo não vigorando o regime da separação de bens, é válido.

II – O cônjuge que não outorgou na promessa de venda não pode ser condenado na restituição do sinal em dobro, se não confirmou, por escrito, o acto do cônjuge outorgante.

III – Há incumprimento do promitente-vendedor e não impossibilidade de cumprimento, se não procurou obter o consentimento do cônjuge para a celebração do contrato prometido e ainda recusou receber o reforço do sinal acordado.

IV – A restituição do sinal em dobro não pode considerar-se enriquecimento sem causa porque está de harmonia com as cláusulas do contrato-promessa e a lei.

V – A proibição de outra indemnização pelo incumprimento, além do dobro do sinal, se for a opção do promitente-comprador, não abrange os juros moratórios sobre aquele montante, mas tão-só os juros compensatórios ou remuneratórios.

32 – AC. REL. PORTO 1993/01/05 (CJ, ANO XVIII, TOMO I, 197)

I – Celebrado em 25/2/80, contrato-promessa de compra e venda de direito a herança indivisa e de 1/4 de cada um dos quatro prédios, verificado o seu incumprimento pelos promitentes-vendedores em 27-1-89, o regime aplicável *é o dos arts. 442.° e 830.° do Cód. Civil, na sua versão original.*

II – *Por isso, a promitente-compradora, tendo entregue 50 contos, a título de antecipação de preço, no acto da celebração do contrato-promessa, não pode exigir a execução específica da promessa de venda do direito à herança indivisa.*

III – *E relativamente à promessa de venda das fracções dos prédios, não pode exigir dos promitentes-vendedores mais do que a devolução do sinal em dobro.*

33 – AC. REL. PORTO 1993/01/19 (CJ, ANO XVIII, TOMO I, 203)

I – *A mora do devedor só dá ao credor o direito a resolver o contrato, por incumprimento definitivo, no caso de perda do seu interesse na prestação, ou no caso de esta não poder ser realizada dentro do prazo que razoavelmente for fixado pelo credor.*

II – *Se o promitente-comprador pediu judicialmente a resolução do contrato, por incumprimento do promitente- -vendedor, mas não obteve ganho de causa por se ter verificado que não perdera o interesse no contrato prometido, não fica ele por isso impedido de, em acção própria, pedir a execução específica.*

34 – AC. STJ 1992/12/02 (BMJ 422, 335)

I – *O preceito do n.° 5 do art. 830.° do Cód. Civil, na redacção do Dec.-Lei n.° 397/86, de 11 de Novembro, tem o propósito de assegurar, na acção de execução específica, o oportuno funcionamento da excepção de não cumprimento do contrato prevista e regulada nos arts. 428.° e seguintes do mesmo código.*

II – *Assim, requerendo o promitente-comprador a execução específica contra o promitente-vendedor, como ocorreu nos autos pela via do pedido reconvencional, devia aquele consignar em depósito a parte do preço ainda em dívida antes de, em primeira instância, o juiz proferir sentença, sob pena de a acção improceder independentemente do mérito da causa, não sendo, pois, admissível a prolacção de uma decisão condicional.*

III – *O direito potestativo previsto no art. 432.° do Cód. Civil somente pode ser exercido pela parte adimplente ou não inadimplente.*

IV – *A mora do devedor não permite, em regra, a imediata resolução do contrato, sendo necessário que se transforme em não cumprimento definitivo, nos termos do art. 808.° do Cód. Civil, ou mediante a perda do interesse do credor, a apreciar objectivamente, ou em consequência da inobservância do prazo suplementar e peremptório que o credor fixe razoavelmente ao devedor.*

V – *Mas a sanção prescrita no n.° 2 do art. 442.° do Cód. Civil, na redacção anterior ao Dec.-Lei n.° 379/86, que permite ao promitente-vendedor fazer seu o sinal recebido e ao promitente-comprador exigir o dobro do sinal prestado, pressupõe uma situação de incumprimento definitivo, dado que à mora só pode corresponder a obrigação de indemnizar o dano moratório, de harmonia com o disposto no n.° 1 do art. 804.° do mesmo código.*

35 – AC. REL. PORTO 1993/05/31 (BMJ, 427, 580)

O direito do promitente não faltoso de resolver o contrato-promessa de compra e venda e exigir o valor da coisa ou o aumento intercalar do valor depende da simples mora.

4.5. A *"traditio rei"* e a indemnização pelo aumento do valor da coisa [100]

Nos contratos-promessa com tradição da coisa objecto do contrato prometido (não apenas nos contrato-promessa de compra e venda de fracção autónoma de prédio urbano) a parte não faltosa, que entregou sinal, pode exigir, como indemnização pelo não cumprimento, em vez do sinal dobrado, o valor da coisa (ou do direito a constituir ou transmitir sobre ela), à data do não cumprimento, valor este determinado objectivamente, com dedução do preço convencionado, devendo ser ainda restituído ao promitente-comprador o sinal e a parte do preço que tenha pago [101].

4.6. A *"traditio rei"* e o direito de retenção

Nos termos da alínea *f)*, do n.º 1, do artigo 755.º, do Código Civil, acima transcrito, "o beneficiário da promessa de transmissão ou constituição de direito real que obteve tradição da coisa a que se refere o contrato prometido, goza do direito de retenção sobre essa coisa, pelo crédito resultante do não cumprimento imputável à outra parte, nos termos do artigo 442.º, do Código Civil".

---

[100] Cfr. CALVÃO DA SILVA, *Sinal,* cit., p. 76 « Em regra, o aumento do valor da coisa verificado entre a data da celebração e a do incumprimento será a diferença entre o valor actual (ao tempo do incumprimento) da coisa e o montante do preço convencionado. O que acontecerá quando este traduza (sensivelmente) o valor objectivo da coisa ao tempo da celebração do contrato-promessa. Quando assim não suceda, v.g. se o preço convencionado é bastante inferior (preço de favor ou preço afectivo, etc.) àquele que o promitente *accipiens* do sinal normalmente praticava à data da conclusão do contrato e ao preço corrente no mercado nesse momento, a indemnização a que o promitente *tradens* do sinal tem direito será apenas o *aumento do valor da coisa ou* do direito à data do não cumprimento (artigo 442.º n.º 4, *in fine*), determinado objectivamente: diferença entre o valor objectivo actual e o valor objectivo ao tempo da celebração do contrato».

[101] Se o promitente-comprador realizou benfeitorias, o direito à indemnização por estas acresce àquela indemnização pelo incumprimento.

Importa aqui referir que, em caso de incumprimento [102] imputável ao promitente-vendedor, o promitente-comprador tem, no direito de retenção, uma garantia do crédito resultante desse incumprimento.

Esse crédito pode ser o dobro do sinal, ou o valor da coisa (determinado objectivamente à data do incumprimento) acrescido do sinal e da parte do preço que tenha pago, ou, se houve convenção de indemnização pelo incumprimento, o que se achar nos termos desta convenção [103].

---

[102] J. C. BRANDÃO PROENÇA, *Do Incumprimento*, cit., p. 159 e ss., propende para a defesa de uma interpretação restritiva (da última parte do n.º 2 do artigo 442.º) e correctiva (do próprio n.º 3) com o alcance de condicionar o pedido de indemnização pelo valor à existência de um incumprimento definitivo ou de uma verdadeira impossibilidade. E acrescenta, a diante, que «o promitente-comprador poderá paralisar uma acção de reivindicação do promitente-vendedor, reconvindo mesmo, sendo possível, para o pedido de execução específica e estando a eficácia potencial da *traditio* e da retenção sujeita a uma "resolubilidade", em caso de impossibilidade não imputável ou de um inadimplemento do próprio promitente-comprador (onerado, ainda, com uma indemnização por ocupação abusiva) ou a ver-se activada (*maxime*, a retenção-garantia real), na hipótese de incumprimento definitivo imputável ao promitente-vendedor e resolução do promitente-comprador».

[103] Artigo 442.º, do Código Civil (Sinal)

1. Quando haja sinal, a coisa entregue deve ser imputada na prestação devida, ou restituída quando a imputação não for possível.

2. Se quem constitui o sinal deixar de cumprir a obrigação por causa que lhe seja imputável, tem o outro contraente a faculdade de fazer sua a coisa entregue; se o não cumprimento do contrato for devido a este último, tem aquele a faculdade de exigir o dobro do que prestou, ou, se houve tradição da coisa a que se refere o contrato prometido, o seu valor, ou o do direito a transmitir ou a constituir sobre ela, determinado objectivamente, à data do não cumprimento da promessa, com dedução do preço convencionado, devendo ainda ser-lhe restituído o sinal e a parte do preço que tenha pago.

3. Em qualquer dos casos previstos no número anterior, o contraente não faltoso pode, em alternativa, requerer a execução específica do contrato, nos termos do artigo 830.º; se o contraente não faltoso optar pelo aumento do valor da coisa ou do direito, como se estabelece no número anterior, pode a outra parte opor-se ao exercício dessa faculdade, oferecendo-se para cumprir a promessa, salvo o disposto no artigo 808.º.

4. Na ausência de estipulação em contrário, não há lugar, pelo não cumpri-

O direito de retenção confere-lhe legitimidade para defender a posse contra qualquer acto de esbulho, mesmo contra o dono [104].
Pode executar a coisa retida (artigo 759.°, n.° 1, do Código Civil) [105] e pode ser pago com preferência sobre os demais credores do devedor [106].

---

mento do contrato, a qualquer outra indemnização, nos casos de perda do sinal ou de pagamento do dobro deste, ou do aumento do valor da coisa ou do direito à data do não cumprimento.
(Redacção do Dec.-Lei n.° 379/86, de 11-11)
[104] Artigo 670.°, do Código Civil,
(Direitos do credor pignoratício)
Mediante o penhor, o credor pignoratício adquire o direito:
a) De usar, em relação à coisa empenhada, das acções destinadas à defesa da posse, ainda que seja contra o próprio dono;
b) ... .
c) ... .
Artigo 758.°, do Código Civil,
(Retenção de coisas móveis)
Recaindo o direito de retenção sobre coisa móvel, o respectivo titular goza dos direitos e está sujeito às obrigações do credor pignoratício, salvo pelo que respeita à substituição ou reforço da garantia.
Artigo 759.°, do Código Civil,
(Retenção de coisas imóveis)
1. Recaindo o direito de retenção sobre coisa imóvel, o respectivo titular, enquanto não entregar a coisa retida, tem a faculdade de a executar, nos mesmos termos em que o pode fazer o credor hipotecário, e de ser pago com preferência aos demais credores do devedor.
2. O direito de retenção prevelece neste caso sobre a hipoteca, ainda que esta tenha sido registada anteriormente.
3. Até à entrega da coisa são aplicáveis, quanto aos direitos e obrigações do titular da retenção, as regras do penhor, com as necessárias adaptações.
[105] Artigo 675.°, do Código Civil (Execução do penhor)
1. Vencida a obrigação, adquire o credor o direito de se pagar pelo produto da venda judicial da coisa empenhada, podendo a venda ser feita extrajudicialmente, se as partes asssim o tiverem convencionado.
2. É lícito aos interessados convencionar que a coisa empenhada seja adjudicada ao credor pelo valor que o tribunal fixar.
[106] Artigo 666.°, do Código Civil:
1. O penhor confere ao credor o direito à satisfação do seu crédito, bem como dos juros, se os houver, com preferência sobre os demais credores, pelo

O direito de retenção do promitente-comprador tem prevalência sobre hipoteca anteriormente registada.

O recurso aos embargos de terceiro[107] também lhe não é vedado, em caso de diligência ordenada judicialmente.

Sobre esta matéria, todavia, tanto a jurisprudência[108] como a doutrina se têm dividido.

As divergências situam-se, fundamentalmente, em dois planos. Divergência quanto a saber se o promitente-comprador, a quem a coisa que é objecto do contrato-prometido foi entregue, tem a posse ou a mera detenção[109]; e divergência quanto a saber se o direito

---

valor de certa coisa móvel, ou pelo valor de créditos ou outros direitos não susceptíveis de hipoteca, pertencentes ao devedor ou a terceiro.

2. É havido como penhor o depósito a que se refere o n.º 1 do artigo 623.º.

3. A obrigação garantida pelo penhor pode ser futura ou condicional.

[107] Artigo 351.º, do Código de Processo Civil,

(Fundamento dos embargos de terceiro)

1. Se qualquer acto, judicialmente ordenado, de apreensão ou entrega de bens ofender a posse ou qualquer direito incompatível com a realização ou o âmbito da diligência, de que seja titular quem não é parte na causa, pode o lesado fazê-lo valer, deduzindo embargos de terceiro.

2. Não é admitida a dedução de embargos de terceiro relativamente à apreensão de bens realizada no processo especial de recuperação da empresa e de falência.

[108] Ver acórdãos: do STJ de 13/10/93, in Col. Jur., 1993, tomo III, página. 60; do STJ de 19/11/96, in Col. Jur., 1996, tomo III, página. 109 ; da Rel. Évora, de 12/12/96, in Col. Jur., 1996, tomo V, página. 283 ; do STJ de 11/02/99, in Col. Jur., 1999, tomo I, página. 103; do STJ de 11/03/99, in Col. Jur., 1999, tomo I, página. 137. Os sumários destes acórdãos encontram-se transcritos adiante.

[109] Concluir se existe posse ou mera detenção depende de indagar-se da situação concreta para apurar se existe *animus possidendi*, isto é, se o promitente-comprador exerce sobre a coisa determinados poderes de facto (*corpus*) com a intenção e o comportamento de titular do direito real correspondente aos poderes exercidos (*animus*). Com efeito, ao lado do contrato-promessa, pode haver um contrato de tradição atípico, eventualmente de "comodato", ou próximo de uma "locação", como pode haver verdadeira posse, por exemplo, se o promitente-comprador pagou a totalidade do preço. Parece defensável que situações daquelas, de "comodato" ou de "locação", sejam abrangidas pela defesa possessória, à semelhança, pois, do que se verifica para o locatário e o comodatário.

de retenção, independentemente da questão anterior, confere ao seu titular o direito de embargar de terceiro.

A função dos embargos de terceiro é a defesa da posse ofendida por diligência ordenada judicialmente (v.g. penhora, arresto, arrolamento, posse judicial, despejo), desde que o lesado não tenha intervindo no processo ou no acto jurídico de que emana tal diligência (artigo 16.°, do Decreto-Lei n.° 329-A/95, de 12/12, alterado pelo Decreto-Lei n.° 180/96, de 25/09, que alteraram o Código de Processo Civil).

Embora a função normal dos embargos de terceiro seja tutelar a posse, excepcionalmente, há situações de mera detenção ou de posse precária, que gozam de idêntica protecção, mesmo contra o dono (locatário, artigo 1037.°, n.° 2 do Código Civil, parceiro pensador, artigo 1125.°, n.° 2 do Código Civil, comodatário, artigo 1133.°, n.° 2 do Código Civil, depositário, artigo 1188.°, n.° 2 do Código Civil).

A regra, porém, é que os meros detentores ou possuidores precários, também designados como possuidores em nome alheio, não possam recorrer à tutela possessória.

Nos casos em que o promitente-comprador com *traditio rei* seja um verdadeiro possuidor, de *corpus* e *animus possidendi*, não se colocaria a dúvida, podendo embargar de terceiro.

Nos casos em que o promitente-comprador, embora com *traditio rei,* não seja um verdadeiro possuidor, mas mero detentor, mercê dos termos e dos pressupostos em que detém a coisa, a questão de poder embargar de terceiro por efeito do direito de retenção que a lei lhe confere, coloca-se imediatamente. O direito de retenção apresenta-se, assim, como irrelevante para a questão de saber se o promitente-comprador é verdadeiro possuidor ou mero detentor. No sentido afirmativo, de que pode embargar de terceiro, invocam-se os artigos 758.°, 759.° n.° 3 e 670.°, alínea *a*), todos do Código Civil. Para alguma jurisprudência, no entanto, os embargos de terceiro só operam quando o acto lesivo prejudicar a garantia que o direito de retenção confere ao seu titular, não devendo operar quando, apesar da penhora, aquela garantia não deixa de poder ser exercida. Considera-se, aqui, que a penhora não contende com aquele direito real de garantia, podendo o seu titular, não obstante a penhora, reclamar, na execução instaurada, a graduação do crédito garantido, se já dispuser de título exequível ou, não o possuindo [110] ainda, é-lhe consentido, por dispor de garantia real sobre o bem penhorado, requerer, dentro do prazo de reclamação, a sustação da graduação dos créditos até obter sentença exequível em acção própria [111] (artigos 864.° e 869.°, do Código de Processo Civil).

---

[110] Artigo 865.°, do Código de Processo Civil,
(Reclamação dos créditos)
1. Só o credor que goze de garantia real sobre os bens penhorados pode reclamar, pelo produto destes, o pagamento dos respectivos créditos.
2. A reclamação terá por base um título exequível e será deduzida no prazo de 15 dias, a contar da citação do reclamante; é, porém, de 25 dias, a contar da citação a que se refere a alínea c) do n.° 1 do artigo 864.°, o prazo em que ao Ministério Público é facultada a reclamação dos créditos da Fazenda Nacional.
3. O credor é admitido à execução, ainda que o crédito não esteja vencido; mas se a obrigação for incerta ou ilíquida, torná-la-á certa ou líquida pelos meios de que dispõe o exequente.
4. As reclamações são autuadas num único apenso ao processo de execução.
[111] Artigo 869.°, do Código de Processo Civil
(Direito do credor que tiver acção pendente ou a propor contra o executado)
1. O credor que não esteja munido de título exequível pode requerer, dentro do prazo facultado para a reclamação de créditos, que a graduação dos créditos, relativamente aos bens abrangidos pela sua garantia, aguarde que o requerente obtenha na acção própria sentença exequível.
2. Se a acção estiver pendente à data do requerimento, o requerente provocará, nos termos dos artigos 325.° e seguintes, a intervenção principal do exequente e dos credores interessados; se for posterior ao requerimento, a acção deve ser proposta, não só contra o executado, mas também contra o exequente e os credores interessados.
3. O requerimento não obsta à venda ou adjudicação dos bens, nem à verificação dos créditos reclamados, mas o requerente é admitido a exercer no processo os mesmos direitos que competem ao credor cuja reclamação tenha sido admitida.
4. Todos os efeitos do requerimento caducam, porém, se dentro de 30 dias não for junta certidão comprovativa da pendência da acção ou se o exequente provar que não se observou o disposto no n.° 2, que a acção foi julgada improcedente ou que esteve parada durante 30 dias por negligência do autor, depois do requerimento a que este artigo se refere.

O promitente-comprador poderá embargar de terceiro no caso de ter instaurado a acção de execução específica e o seu registo antes da penhora, requerendo a suspensão da execução até à decisão final daquela, ao abrigo do disposto no artigo 279.°, n.° 1, do Código de Processo Civil [112].

4.6.1. Sumários de Jurisprudência

1 – AC. STJ – IN COL. JUR., 1999 – TOMO I, P. 103

O promitente-comprador, enquanto revestido do direito de retenção, pode ser capaz de defesa possessória mesmo contra o próprio dono da coisa, qualquer que ele seja.

2 – AC. STJ – IN COL. JUR., 1999 – TOMO I, P. 137

I – *A ocupação, resultante de "traditio" a favor dos promitentes-compradores da "fracção" de prédios urbanos prometidas vender e que foram posteriormente penhoradas, não autoriza o uso por aqueles de embargos de terceiro, pois aquela ocupação não indicia, de per si, sejam os mesmos possuidores dos bens penhorados.*

II – *Efectivamente tal ocupação não revela que os ocupantes estejam a agir como titulares de um direito real, pois não podem ignorar que as fracções por si ocupadas continuam a ser propriedade do promitente-vendedor, por não ter havido contrato translativo duma propriedade.*

III – *Assim e por os embargantes carecerem de "animus possidendi" os embargos de terceiro são manifestamente improcedentes.*

---

[112] Artigo 279.°, n.° 1, do Código de Processo Civil: "O tribunal pode ordenar a suspensão quando a decisão da causa estiver dependente do julgamento de outra já proposta ou quando ocorrer outro motivo justificado".

3 – AC. REL. LISBOA, DE 90/10/11 (CJ, ANO XV, TOMO 4, 147)

I – *Constituída uma hipoteca sobre um terreno (depois de devidamente registada), ela estende-se ao edifício nele construído e as próprias fracções autónomas onerando os direitos dos diversos condóminos.*

II – *O direito do credor hipotecário não é incompatível com o direito de propriedade do dono do prédio, pelo que este não é terceiro para efeitos de registo.*

III – *Os embargos de terceiro opostos à penhora de bens hipotecados só podem fundar-se em acto ou facto anterior ao registo da hipoteca.*

IV – *O contrato-promessa de compra e venda com tradição da coisa não confere ao promitente-comprador a posse exigida para a dedução de embargos de terceiro.*

V – *O promitente-comprador não tem direito à retenção da coisa se, tendo proposto a acção de execução específica, esta foi julgada procedente.*

4 – AC. REL. PORTO, DE 89/02/21 (CJ, ANO XIV, TOMO 1, 196)

I – *É devida sisa quando, em consequência de contrato-promessa de compra e venda de imóvel não para habitação permanente do adquirente, tiver havido tradição da coisa, ou o promitente adquirente a estiver a usufruir.*

II – *Em tal caso, o contrato-promessa não pode ser atendido em juízo enquanto não se provar o pagamento da sisa.*

III – *Mesmo não podendo o documento ser atendido em juízo, a sisa continua a ser devida, se se provar contrato verbal e ocupação ou usufruição do imóvel.*

IV – *Mas, devendo aquele contrato-promessa constar de documento escrito assinado por ambos os promitentes, e não podendo tal documento ser atendido, resulta que o contrato verbal é nulo.*

V – *O tribunal pode declarar oficiosamente a nulidade, mas não pode dispor quanto aos efeitos do negócio nulo sem que isso lhe seja pedido.*

5 – AC. REL. ÉVORA, DE 86/05/28 (CJ, ANO XI, TOMO 3, 253)

I – *Sendo o contrato prometido o de permuta, à sua regulamentação aplicam-se as normas específicas da compra e venda, com ressalva das referentes à transmissão da propriedade, e das que regulam o problema do risco.*

II – *E, tendo havido tradição duma das coisas, esta tradição funciona como causa da posse em nome próprio a exercer por um dos promitentes pelo prazo de duração do contrato-promessa.*

III – *Tendo-se mencionado o direito de resolução, conferido ao credor, decorrido que seja o prazo máximo para a realização do acto a que o devedor se obrigou, assenta aquele direito de resolução num poder vinculado, tendo o credor, para o exercer, o meio de alegar e provar a inadimplência do clausulado.*

IV – *O direito de resolução ou de modificação conferido ao lesado no caso de alteração anormal das circunstâncias depende de a exigência das obrigações assumidas afectar gravemente o princípio da boa fé, que implica que uma parte não tenha de, neste caso, se submeter a regimes imutáveis, e de não haver normas que de modo explícito prescrevam outras formas de suportação dos danos verificados.*

V – *A lei, entre a resolução e a modificação do contrato, dá primazia à modificação.*

6 – AC. REL. LISBOA, DE 87/05/19 (CJ, ANO XII, TOMO 3, 86)

I – *Tendo o promitente-comprador de certo lote de terreno entrado, de acordo com o promitente-vendedor, na posse desse lote, este merece protecção legal, seja em consequência de contrato atípico de uso e fruição resultante da acordada tradição, seja em razão do direito de retenção sobre o lote em causa por parte do promitente-comprador.*

II – *Tendo promitente-comprador sido esbulhado dessa posse pelo promitente-vendedor, por forma violenta, tanto bas-*

tava para este ser restituído, como foi, à posse provisória de terreno em causa.

7 – AC. REL. COIMBRA, DE 82/11/02 (CJ, ANO VII, TOMO 5, 20)

O promitente-comprador não goza do direito de retenção do objecto sobre que incide a promessa, no caso de nulidade do contrato-promessa.

8 – AC. REL. LISBOA, DE 82/02/10 (CJ, ANO VII, TOMO 1, 190)

Se em contrato-promessa de compra e venda de um imóvel ficou logo o promitente-comprador autorizado a ocupar e ocupou esse imóvel gratuitamente, essa utilização reveste a natureza contratual de comodato. Se o contrato prometido se não chegar a realizar, goza, por essa razão, o promitente-comprador do direito de retenção, enquanto lhe não forem pagas as benfeitorias necessárias e úteis que se não possam levantar sem detrimento do imóvel.

9 – AC. STJ, DE 85/11/21 (BMJ 351, 332)

I – *Tendo sido celebrado um contrato-promessa de compra e venda de um andar, no qual ficou estabelecida a possibilidade de o promitente-comprador fazer uso dele até à conclusão do contrato prometido, ou até à caducidade ou resolução do contrato-promessa, não pode o proprietário e promitente-vendedor vir a reivindicar a entrega do andar, enquanto não se provar que houve incumprimento do contrato devido a culpa do promitente-comprador.*

II – *Tendo os autores e promitentes-vendedores formulado um pedido de entrega do andar, que se encontrava ocupado por virtude da cláusula inserta no contrato, e outro de resolução do contrato-promessa de compra e venda, não pode conhecer-se no saneador o primeiro pedido, se não há ainda condições para conhecer o segundo, sendo irre-*

levante a afirmação dos autores de que estão desinteressados de contratar.

10 – AC. REL. COIMBRA, DE 83/10/08 (CJ, ANO VIII, TOMO 5, 36)

I – *Tendo os autores prometido vender um andar dum prédio seu, aos réus, os quais, entretanto, pagaram integralmente o seu preço e passaram a ocupá-lo, improcede o pedido reivindicatório, visto os demandados gozarem, dado o incumprimento do contrato, do direito de retenção.*

II – *Não sendo possível a realização coactiva da prestação através da execução específica, em virtude de o edifício não preencher todos os requisitos – designadamente os respeitantes ao acatamento dos regulamentos municipais – a que a lei subordina a propriedade horizontal fica o prédio, na procedência do pedido subsidiário reconvencional, sujeito ao regime de compropriedade correspondente ao valor, fixada a quota da fracção a determinar por meio de arbitramento.*

11 – AC. REL. LISBOA, DE 81/10/09 (CJ, ANO VI, TOMO 4, 105)

I – *Aquele que detém um imóvel por simples tolerância (expressa por mero acordo verbal com o proprietário) antes de efectuada a transmissão daquele para si, não tem título legítimo de posse susceptível de ser oposto ao pedido de reivindicação feito pelo referido proprietário.*

II – *Em acção em que apenas se reivindique a propriedade do bem prometido vender, que se encontre na posse do promitente-vendedor, e se não peça simultaneamente a resolução do contrato-promessa de compra e venda, é inviável o pedido de condenação do promitente-comprador na perda do sinal já recebido.*

12 – AC. REL. PORTO, DE 89/04/23 (CJ, ANO XIV, TOMO 2, 207)

I – *O promitente-comprador só goza do direito de retenção se obteve a tradição da coisa objecto do contrato, existindo aquele direito apenas para garantir o seu crédito resultante do incumprimento pelo promitente-vendedor.*

II – *Deixando a coisa de pertencer ao promitente-vendedor não tem o seu detentor possibilidade de o coagir a cumprir.*

III – *Se o promitente-vendedor é desapossado da coisa para ser vendida em hasta pública o direito de retenção não dá ao promitente-comprador o direito de a não entregar mas apenas de ser pago com preferência aos demais credores do promitente-vendedor, para o que deverá reclamar o seu crédito em concurso de credores.*

13 – AC. REL. PORTO, DE 88/11/10 (CJ, ANO XIII, TOMO 5, 189)

I – *A norma do art. 755.° do Cód. Civil é susceptível de aplicação extensiva.*

II – *Tendo a ré prometido constituir a favor dos AA. o direito de habitação num apartamento mobilado na primeira quinzena de Abril de cada ano, que vem habitando nesse período, gozam eles do direito de retenção sobre o apartamento até ao pagamento da indemnização em que aquela foi condenada pelo incumprimento do contrato.*

14 – AC. STJ, DE 86/02/25 (BMJ 354, 549)

I – *Para obter a restituição de posse o requerente tem de alegar e provar factos que constituam a posse da coisa, o esbulho e a privação de posse por meio de violência – arts. 393.° e 399.° do Cód. Proc. Civil e art. 1279.° do Cód. Civil.*

II – *No contrato-promessa a "tradição da coisa" confere ao promitente-comprador o direito de retenção sobre ela pelo crédito (sinal em dobro, valor da própria coisa, etc.)*

que este, eventualmente, possa vir a ter contra o promitente-vendedor, em caso de incumprimento deste.

III – *"In casu" o direito de retenção constitui o promitente-comprador na posse legítima da coisa transmitida, pelo menos enquanto não for pago o crédito resultante do incumprimento do contrato-promessa, funcionando como uma espécie de penhora legal.*

IV – *Como garantia real, não está sujeito a registo e vale "erga omnes", garantindo ao credor o direito de sequela sobre o objecto; e, como verdadeiro direito absoluto, onera a coisa qualquer que seja o seu proprietário.*

V – *Pode, consequentemente, ser defendido por meio de acção possessória, – mesmo contra o novo proprietário – arts. 759.°, n.° 3, e 670.°, alínea a), do Cód. Civil.*

15 – AC. REL. LISBOA, DE 84/10/11 (CJ, ANO IX, TOMO 4., 107)

O uso e fruição de fracção prometida vender estabelecidos em contrato-promessa, dão ao promissário a posse da referida fracção, conferem-lhe a utilização de meios de defesa possessórios, mas obrigam-no a restituir a mesma logo que cesse a razão de ser daquele contrato.

16 – AC. REL. COIMBRA 92/03/24 (CJ, ANO XVII, TOMO 2, 146)

I – *O pedido do promitente-comprador de condenação do promitente-vendedor a pagar-lhe o valor da coisa, objecto do contrato, nos termos do art. 442.° n.° 2 do Cód. Civil , e a reconhecer-lhe o direito de retenção dessa coisa pelo referido crédito (art. 755.° n.° 1 f)) baseia-se no incumprimento definitivo e culposo do contrato pelo promitente-vendedor e tem como pressuposto a resolução do contrato.*

II – *Só a mora, e não o incumprimento definitivo, dá direito ao contraente não faltoso de requerer a execução específica do contrato, nos termos do art. 830.° do Cód. Civil.*

17 – AC. REL. ÉVORA 92/03/12 (CJ, ANO XVII, TOMO 2, 283)

No regime instituído pelo Dec.-Lei n.º 379/86 de 11-11, o promitente-comprador de lote de terreno onde está construída uma moradia e para quem houve tradição da coisa tem posse e goza de tutela possessória.

18 – AC. REL. COIMBRA DE 91/06/04 (BMJ 408, 658)

A tradição para o promitente-comprador de prédio urbano para habitação (ou de um andar) objecto do contrato-promessa confere-lhe uma posse legítima (e não meramente precária).

19 – AC. REL. LISBOA DE 91/11/21 (BMJ 411, 639)

I – *No contrato-promessa de compra e venda, com tradição da coisa objecto do contrato-promessa, o promitente--comprador goza de direito de retenção sobre esta.*

II – *Este direito nasce directamente da lei.*

III – *O promitente-comprador, que obteve a entrega de uma fracção autónoma de um imóvel, em consequência da celebração de contrato-promessa de compra e venda, pode lançar mão dos embargos de terceiro para defesa da posse.*

IV – *A penhora dessa fracção, em acção executiva movida contra o seu dono (promitente-vendedor) afecta sempre o direito de retenção e a posse do promitente-comprador.*

20 – AC. REL. PORTO 1993/04/27 (CJ, ANO XVIII, TOMO II, 225)

O promitente-comprador, em contrato-promessa de compra e venda de um prédio, que tenha entrado na posse dele, beneficia da tutela dos embargos de terceiro.

21 – AC. STJ 1992/10/08 (BMJ 420, 495)

I – *Se houve tradição de um andar, objecto de um contrato--promessa, não pode deixar de se reconhecer ao promitente-comprador o direito de retenção, já que a sua situação se enquadra perfeitamente no disposto no n.° 3 do art. 442.° do Cód. Civil, na redacção do Dec.-Lei n.° 236/86, de 18 de Julho.*

II – *A própria lei – art. 410.°, n.° 3, do Cód. Civil, redacção de 1980 – prevê que o contrato de promessa de compra e venda tenha por objecto mediato fracção autónoma de prédio urbano, já construído, em construção ou a construir, abrangendo, portanto, determinada parte do edifício antes mesmo da constituição da propriedade horizontal, antes mesmo da sua existência física.*

III – *Para que exista aquilo a que a lei chama "fracção autónoma" não é necessário que o prédio de que faça parte esteja constituído em propriedade horizontal.*

IV – *Reconhecido ao detentor o direito de retenção sobre a fracção que detém, expressamente também lhe reconhece a lei (art. 759.°, n.° 1, do Cód. Civil) a faculdade de executar a coisa retida, nos termos em que o pode fazer o credor hipotecário e, portanto, de a penhorar, pois a penhora é um dos termos necessários do processo executivo.*

22 – AC. STJ – IN COL. JUR., 1993 – TOMO III, P. 60

Os meios possessórios de que dispõe o credor garantido pelo direito de retenção só operam quando o acto lesivo prejudicar a sua garantia e não quando mantiver, apesar da penhora, a possibilidade do exercício do seu direito.

23 – AC. STJ – IN COL. JUR., 1996 – TOMO III, P. 109

I – *Os promitentes-compradores podem deduzir embargos de terceiro à arrematação da fracção de prédio que lhes foi prometida vender e que ocupam por entrega da promitente-vendedora, quando já a pagaram praticamente na totalidade e requisitaram em seu nome a ligação da água e da energia eléctrica, agindo como donos de tal fracção.*

II – *A aquisição de tal fracção pelos embargantes após o registo da penhora é ineficaz em relação ao exequente.*

24 – AC. REL. ÉVORA – IN COL. JUR., 1996 – TOMO V, P. 283

    I – *O direito de retenção concedido ao promitente-comprador existe para fazer garantir o crédito a uma indemnização por incumprimento do contrato.*

    II – *Aquela garantia dá ao promitente-comprador o direito de recusar a entrega do objecto do contrato-prometido até que seja satisfeito o seu crédito.*

    III – *Como tal aquele direito não obsta à penhora da coisa, quer a penhora seja requerida por quem tiver direito real de garantia sobre ela, quer seja promovida por um dos credores comuns do proprietário da coisa.*

    IV – *Contra aquela penhora não pode o promitente-comprador deduzir embargos de terceiro.*

ÍNDICE

NOTA PRÉVIA 5

1. REQUISITOS DE VALIDADE 11

1.1. **Requisitos de forma** 11
 – Documento escrito 13
 – Reconhecimento presencial das assinaturas 13
 – Certificação, pelo notário, da existência da licença respectiva de utilização ou de construção 13

    1.1.1. *Escritura Pública (Eficácia Real)* 23

    1.1.2. *Sumários de Jurisprudência* 25

      1 – AC. STJ DE 15.10.98 – IN COL. JUR., 1998 – TOMO III, P. 63 25
      2 – AC. STJ DE 12.11.98 – IN COL. JUR., 98 – TOMO III, P. 110 25
      3 – AC. STJ – IN COL. JUR., 1999 – TOMO I, P. 51 26
      4 – AC. REL. PORTO, DE 26/11/98 – IN COL. JUR., 98 – TOMO V, P. 203 27
      5 – AC. REL. LISBOA, DE 04/05/99 – IN COL. JUR., 99 – TOMO III, P. 82 27
      6 – AC. REL. LISBOA, DE 13/05/99 – IN COL. JUR., 99 – TOMO III, P. 95 28
      7 – AC. REL. LISBOA, DE 20/05/99 – IN COL. JUR., 99 – TOMO III, P. 104 28
      8 – AC. REL. LISBOA, DE 88/12/20 (CJ, ANO XIII, TOMO 5, 130) 29
      9 – AC. REL. LISBOA, DE 88/10/18 (CJ, ANO XIII, TOMO 4, 127) 29
    10 – AC. REL. LISBOA, DE 88/01/14 (CJ, ANO XIII, TOMO 1, 114) 29
    11 – AC. REL. LISBOA, DE 86/10/07 (CJ, ANO XI, TOMO 4, 141) 30
    12 – AC. REL. LISBOA, DE 86/06/24 (CJ, ANO XI, TOMO 3, 140) 30
    13 – AC. REL. PORTO, DE 86/05/22 (CJ, ANO XI, TOMO 3, 203) 30
    14 – AC. STJ, DE 86/01/30 (BMJ 353, 444) 31
    15 – AC. REL. PORTO, DE 85/11/14, (BMJ, 351, 458) 31
    16 – AC. REL. PORTO, DE 85/11/12 (CJ, ANO X, TOMO 5, 170) 31
    17 – AC. STJ, DE 85/02/07 (BMJ 344, 411) 32
    18 – AC. REL. COIMBRA, DE 85/01/08 (CJ, ANO X, TOMO 1, 53) 32
    19 – AC. STJ, DE 84/02/28 (BMJ 334, 484) 33
    20 – AC. REL. PORTO, DE 83/03/24 (CJ, ANO VIII, TOMO 2, 244) 33
    21 – AC. REL. COIMBRA, DE 82/03/16 (CJ, ANO VII, TOMO 2, 79) 33
    22 – AC. STJ, DE 82/03/11 (BMJ 315, 249) 33

23 – AC. REL. LISBOA, DE 81/12/18 (BMJ 318, 470)	34
24 – AC. REL. PORTO, DE 80/11/20, (BMJ 301, 463)	34
25 – AC. REL. COIMBRA, DE 88/05/30 (CJ, ANO XIV, TOMO 3, 80)	34
26 – AC. REL. PORTO, DE 89/06/08 (CJ, ANO XIV, TOMO 3, 214)	35
27 – AC. REL. PORTO, DE 89/02/21 (CJ, ANO XIV, TOMO 1, 196)	35
28 – AC. REL. ÉVORA, DE 81/12/17 (CJ, ANO VI, TOMO 5, 339)	36
29 – AC. STJ, DE 86/04/29 (BMJ 356, 358)	36
30 – AC. REL. COIMBRA 91/01/08 (CJ, ANO XVI, TOMO 1, 44)	37
31 – AC. REL. COIMBRA 92/09/06 (CJ, ANO XVII, TOMO 4, 68)	38
32 – AC. REL. COIMBRA DE 91/03/19 (BMJ 405, 541)	38
33 – AC. STJ DE 91/10/03 (BMJ 410, 754)	38
34 – AC. STJ 1993/03/25 (CJ, ANO I, TOMO II, 39)	39
35 – AC. STJ 1993/05/04 (CJ, ANO I, TOMO II, 80)	39
36 – AC. REL. LISBOA 93/03/16 (CJ, ANO XVIII, TOMO II, 105)	39
37 – AC. REL. COIMBRA 93/05/25 (CJ, ANO XVIII, TOMO III, 43)	40
38 – AC. REL. LISBOA 93/10/21 (CJ, ANO XVIII, TOMO IV, 152)	40
39 – AC. STJ 1992/11/03 (BMJ 421, 392)	41
40 – AC. STJ 1993/01/12 (BMJ 423, 463)	41
41 – AC. REL. LISBOA 1993/01/14 (BMJ 423, 579)	43
42 – AC. REL. PORTO 1993/03/18 (BMJ 425, 619)	43
43 – AC. REL. LISBOA 1993/06/03 (BMJ 428, 663)	44
44 – AC. REL. PORTO 1993/10/25 (BMJ 430, 511)	44
45 – AC. STJ 1993/11/10 (BMJ 431, 453)	44
46 – ASSENTO STJ BMJ 444, 109 1995/02/01	45
47 – AC. STJ BMJ 445, 423 1995/03/09	45
48 – AC. STJ BMJ 447, 502 1995-05-09	46

1.2. **A capacidade das partes (CAPACIDADE NEGOCIAL)** 47

    1.2.1. *Menoridade* 47

    1.2.2. *Inabilitação* 49

    1.2.3. *Interdição* 50

    1.2.4. *Assinatura de ambos os cônjuges* 53

    1.2.5. *Sumários de Jurisprudência* 53

1 – AC. STJ – IN COL. JUR., 1999 – TOMO II, P. 30	53
2 – AC. STJ, DE 85/10/31 (BMJ 350, 336)	53
3 – AC. STJ, DE 85/03/21 (BMJ 345, 408)	54
4 – AC. STJ, DE 80/07/04 (BMJ 299, 286)	54
5 – AC. REL. COIMBRA, 89/04/11(CJ, ANO XIV, TOMO 3, 58)	54
6 – AC. STJ, DE 85/03/21 (BMJ 345, 408)	54
7 – AC. STJ, DE 84/06/28 (BMJ 338, 409)	55
8 – AC. REL. PORTO 91/05/16 (CJ, ANO XVI, TOMO 3, 231)	55

9 – AC. REL. ÉVORA DE 91/05/09 (BMJ 407, 643)	55
10 – AC. REL. COIMBRA 93/01/12 (CJ, ANO XVIII, TOMO I, 13)	56
11 – AC. REL. LISBOA 1993/02/04 (CJ, ANO XVIII, TOMO I, 132)	56
12 – AC. REL. PORTO 1993/01/12 (BMJ 423, 594)	56
13 – AC. REL. COIMBRA 1993/10/19 (BMJ 430, 526)	57
14 – STJ ASSENTO N.º 4/94 DR, I-A, 1994/03/23	57

1.3. **A divergência entre a vontade e a declaração** 57

    1.3.1. *Divergência intencional* 57

        1.3.1.1. Simulação 57
        1.3.1.2. Reserva mental 60
        1.3.1.3. Declaração não séria 60

    1.3.2. *Divergência não intencional* 61

        1.3.2.1. Falta de consciência da declaração 61
        1.3.2.2. Coacção física 61
        1.3.2.3. Erro na declaração (erro-obstáculo) 62
        1.3.2.4. Erro na transmissão 63
        1.3.2.5. Erro de cálculo (ou de escrita) 63

    1.3.3. *Vontade viciada* 64

        1.3.3.1. Erro vício 64
        1.3.3.2. Dolo 65
        1.3.3.3. Coacção moral (psicológica) 66
        1.3.3.4. Incapacidade acidental 66
        1.3.3.5. Usura 67
        1.3.3.6. Estado de necessidade 68

1.4. **O objecto do negócio** 68

    1.4.1. *A determinabilidade* 69

    1.4.2. *A possibilidade física* 69

    1.4.3. *A possibilidade legal* 69
        Originária 70
        Superveniente 70
        Objectiva 70
        Subjectiva 70

1.4.4. Sumários de Jurisprudência 70
1 – AC. REL. ÉVORA, DE 88/05/26 (CJ, ANO XIII, TOMO 3, 287) 70
2 – AC. REL. COIMBRA, DE 88/11/08 (CJ, ANO XIII, TOMO 5, 71) 71
3 – AC. REL. LISBOA, DE 88/06/30 (CJ, ANO XIII, TOMO 3, 170) 71
4 – AC. REL. COIMBRA, DE 87/10/13 (CJ, ANO XII, TOMO 4, 77) 71
5 – AC. STJ, DE 86/03/13 (BMJ 355, 367) 72
6 – AC. REL. LISBOA, DE 82/04/27 (CJ, ANO VII, TOMO 2, 189) 73
7 – AC. REL. LISBOA, 90/01/18 (CJ, ANO XV, TOMO 1, 1419) 73
8 – AC. REL. COIMBRA, 87/10/20 (CJ, ANO XII, TOMO 4, 87) 73

2. O SINAL 75

2.1. Sumários de Jurisprudência 76
1 – AC. STJ, DE 18-05-99 – IN VIDA JUDICIÁRIA, N.º 30-99 – P. 53 76
2 – AC. REL. PORTO, DE 80/07/31 (CJ, ANO V, TOMO 4, 281) 77
3 – AC. REL. PORTO, DE 87/10/13 (CJ, ANO XII, TOMO 4, 233) 77
4 – AC. REL. LISBOA, DE 87/06/02 (CJ, ANO XII, TOMO 3, 108) 77
5 – AC. STJ, DE 86/06/11 (BMJ 358, 488) 77
6 – AC. STJ, DE 84/01/31 (BMJ 333, 448) 78
7 – AC. REL. LISBOA, DE 82/12/07 (CJ, ANO VII, TOMO 5, 126) 79
8 – AC. STJ, DE 85/05/02 (BMJ 347, 370) 79
9 – AC. REL. LISBOA, DE 86/12/11 (CJ, ANO XI, TOMO 5, 153) 79
10 – AC. STJ, DE 86/12/10 (BMJ 362, 531) 80
11 – AC. STJ, DE 82/11/18 (BMJ 321, 387) 80
12 – AC. REL. COIMBRA, DE 81/06/23 (CJ, ANO VI, TOMO 3, 230) 81
13 – AC. REL. COIMBRA, 89/01/24 (CJ, ANO XIV, TOMO 1, 44) 81
14 – AC. STJ, DE 83/02/01 (BMJ 324, 552) 81
15 – AC. REL. LISBOA 91/02/28 (CJ, ANO XVI, TOMO 1, 169) 81
16 – AC. REL. LISBOA, DE 87/04/30 (CJ, ANO XII, TOMO 2, 165) 82

3. A EXECUÇÃO ESPECÍFICA 83

3.1. Sumários de jurisprudência 86
1 – AC. REL. COIMBRA, DE 12/05/98 – IN COL. JUR.,98 – TOMO III, P. 13 86
2 – AC. REL. ÉVORA, DE 89/05/18 (CJ, ANO XIV, TOMO 3, 271) 87
3 – AC. REL. LISBOA, DE 89/02/23 (CJ, ANO XIV, TOMO 1, 133) 88
4 – AC. REL. LISBOA, DE 86/12/11 (CJ, ANO XI, TOMO 5, 145) 88
5 – AC. REL. PORTO, DE 89/06/08 (CJ, ANO XIV, TOMO 3, 214) 89
6 – AC. REL. PORTO, DE 89/03/09 (CJ, ANO XIV, TOMO 2, 195) 89
7 – AC. REL. LISBOA, DE 88/01/07 (CJ, ANO XIII, TOMO 1, 105) 89
8 – AC. STJ, DE 87/11/10 (BMJ 371, 414) 90
9 – AC. REL. LISBOA, DE 87/06/02 (CJ, ANO XII, TOMO 3, 108) 90

10 – AC. REL. LISBOA, DE 87/05/28 (CJ, ANO XII, TOMO 3, 97)	90
11 – AC. REL. COIMBRA, DE 83/10/08 (CJ, ANO VIII, TOMO 5, 36)	91
12 – AC. REL. LISBOA, DE 81/10/09 (CJ, ANO VI, TOMO 4, 105)	92
13 – AC. REL. LISBOA, 87/03/19 (CJ, ANO XII, TOMO 2, 142)	92
14 – AC. REL. LISBOA, DE 90/02/05 (CJ, ANO XV, TOMO 2, 278)	93
15 – AC. REL. LISBOA, DE 88/06/30 (CJ, ANO XIII, TOMO 3, 170)	93
16 – AC. STJ, DE 87/11/26 (BMJ 371, 448)	93
17 – AC. REL. PORTO, DE 87/01/06 (CJ, ANO XII, TOMO 1, 191)	94
18 – AC. STJ, DE 83/03/15 (BMJ 325, 561)	94
19 – AC. REL. COIMBRA 92/03/24 (CJ, ANO XVII, TOMO 2, 146)	94
20 – AC. REL. PORTO 92/06/11 (CJ, ANO XVII, TOMO 3, 308)	95
21 – AC. REL. LISBOA 92/O7/07 (CJ, ANO XVII, TOMO 4, 292)	95
22 – AC. REL. LISBOA DE 91/07/04 (BMJ 409, 860)	95
23 – AC. REL. COIMBRA DE 91/10/08 (BMJ 410, 887)...	95
24 – AC. STJ, DE 91/11/14 (BMJ 411, 544)	96
25 – AC. STJ 1993/06/17 (CJ, ANO I, TOMO II, 156)	96
26 – AC. REL. LISBOA 1993/02/04 (CJ, ANO XVIII, TOMO I, 132)	96
27 – AC. REL. PORTO 1993/01/05 (CJ, ANO XVIII, TOMO I, 197)	96
28 – AC. REL. PORTO 1993/01/19 (CJ, ANO XVIII, TOMO I, 203)	97
29 – AC. REL. LISBOA 1993/06/17 (CJ, ANO XVIII, TOMO III, 132)	97
30 – AC. STJ 1992/12/02 (BMJ 422, 335)	98
31 – AC. REL. COIMBRA 1993/10/19 (BMJ 430, 525)..	99
32 – AC. REL. COIMBRA 1993/10/19 (BMJ 430, 526)..	99
33 – AC. STJ ACÓRDÃO N.º 4/98, DR, I-A, 1998-12-18..	99
34 – AC. REL. PORTO BMJ 447, 564 1995-05-15...	99
4. INCUMPRIMENTO DO CONTRATO	101
4.1. Sumários de jurisprudência..	103
1 – AC. REL. LISBOA, DE 87/03/19 (CJ, ANO XII, TOMO 2, 142)	103
2 – AC. REL. LISBOA, DE 86/02/27 (CJ, ANO XI, TOMO 1, 107)	103
3 – AC. STJ, DE 85/05/02 (BMJ 347, 375)	104
4 – AC. REL. PORTO, DE 85/03/19 (CJ, ANO X, TOMO 2, 219)	105
5 – AC. STJ, DE 85/02/13 (BMJ 344, 419)	105
6 – AC. STJ, DE 81/11/26 (BMJ 311, 368)	105
7 – AC. REL. COIMBRA, DE 81/06/23 (CJ, ANO VI, TOMO 3, 230)	105
8 – AC. REL. LISBOA, DE 80/05/30 (CJ, ANO V, TOMO 3, 173)	106
9 – AC. STJ, DE 85/11/21 (BMJ 351, 332)	106
10 – AC. REL. LISBOA, 90/01/18 (CJ, ANO XV, TOMO 1, 1419).............................	106
11 – AC. REL. LISBOA, 86/12/11 (CJ, ANO XI, TOMO 5, 153)	107
12 – AC. STJ, DE 86/06/03 (BMJ 358, 483)	107
13 – AC. REL. LISBOA, DE 86/04/17 (CJ, ANO XI, TOMO 2, 117)	107
14 – AC. STJ, DE 86/03/06 (BMJ 355, 352)	107
15 – AC. REL. LISBOA, DE 87/06/02 (CJ, ANO XII, TOMO 3, 108)	108

16 – AC. STJ, DE 83/02/01 (BMJ 324, 552) 108
17 – AC. REL. LISBOA, DE 90/02/05 (CJ, ANO XV, TOMO 2, 278) 108
18 – AC. REL. PORTO, DE 89/03/09 (CJ, ANO XIV, TOMO 2, 195) 109
19 – AC. REL. LISBOA, DE 89/02/23 (CJ, ANO XIV, TOMO 1, 133) 109
20 – AC. REL. COIMBRA 91/01/08 (CJ, ANO XVI, TOMO 1, 44) 109
21 – AC. REL. LISBOA 91/02/21 (CJ, ANO XVI, TOMO 1, 158) 110
22 – AC. REL. PORTO 91/05/16 (CJ, ANO XVI, TOMO 3, 231) 110
23 – AC. REL. LISBOA 92/01/21 (CJ, ANO XVII, TOMO 1, 142) 111
24 – AC. STJ DE 91/09/29 (BMJ 409, 796) 111
25 – AC. REL. COIMBRA DE 91/07/02 (BMJ 409, 882) 112
26 – AC. STJ 1993/01/07 (CJ, ANO I, TOMO I, 15) 112

4.2. O Recurso à Execução Específica 112

4.2.1. Sumários de Jurisprudência 116

1 – AC. STJ – IN COL. JUR., 1999 – TOMO I, P. 27 118
2 – AC. STJ – IN COL. JUR., 1999 – TOMO I, P. 61 119
3 – AC. STJ – IN COL. JUR., 1999 – TOMO I, P. 111 119
4 – AC. STJ – IN COL. JUR., 1999 – TOMO II, P. 60 120
5 – AC. REL. ÉVORA DE 01/06/99 – IN COL. JUR., 1999 – TOMO III, P. 268 120
6 – AC. REL. LISBOA, DE 87/03/19 (CJ, ANO XII, TOMO 2, 142) 120
7 – AC. REL. LISBOA, DE 86/02/27 (CJ, ANO XI, TOMO 1, 107) 121
8 – AC. STJ, DE 85/05/02 (BMJ 347, 375) 121
9 – AC. REL. PORTO, DE 85/03/19 (CJ, ANO X, TOMO 2, 219) 123
10 – AC. STJ, DE 85/02/13 (BMJ 344, 419) 123
11 – AC. STJ, DE 81/11/26 (BMJ 311, 368) 123
12 – AC. REL. COIMBRA, DE 81/06/23 (CJ, ANO VI, TOMO 3, 230) 123
13 – AC. REL. LISBOA, DE 80/05/30 (CJ, ANO V, TOMO 3, 173) 123
14 – AC. REL. LISBOA, DE 86/12/11 (CJ, ANO XI, TOMO 5, 145) 124
15 – AC. REL. PORTO, DE 89/06/08 (CJ, ANO XIV, TOMO 3, 214) 124
16 – AC. REL. PORTO, DE 89/O3/09 (CJ, ANO XIV, TOMO 2, 195) 124
17 – AC. REL. LISBOA, DE 88/01/07 (CJ, ANO XIII, TOMO 1, 105) 125
18 – AC. STJ, DE 87/11/10 (BMJ 371, 414) 125
19 – AC. REL. LISBOA, DE 87/06/02 (CJ, ANO XII, TOMO 3, 108) 126
20 – AC. REL. COIMBRA, DE 83/10/08 (CJ, ANO VIII, TOMO 5, 36) 126
21 – AC. REL. LISBOA, DE 81/10/09 (CJ, ANO VI, TOMO 4, 105) 126
22 – AC. REL. LISBOA, DE 90/02/05 (CJ, ANO XV, TOMO 2, 278) 127
23 – AC. REL. LISBOA, DE 88/06/30 (CJ, ANO XIII, TOMO 3, 170) 127
24 – AC. STJ, DE 87/11/26 (BMJ 371, 448) 127
25 – AC. REL. LISBOA, DE 87/05/28 (CJ, ANO XII, TOMO 3, 97) 128
26 – AC. REL. PORTO, DE 87/01/06 (CJ, ANO XII, TOMO 1, 191) 128
27 – AC. STJ, DE 83/03/15 (BMJ 325, 561) 129
28 – AC. STJ, DE 85/11/21 (BMJ 351, 332) 129
29 – AC. REL. LISBOA, 90/01/18 (CJ, ANO XV, TOMO 1, 1419) 129
30 – AC. REL. LISBOA, 86/12/11 (CJ, ANO XI, TOMO 5, 153) 130

31 – AC. STJ, DE 86/06/03 (BMJ 358, 483)	130
32 – AC. REL. LISBOA, DE 86/04/17 (CJ, ANO XI, TOMO 2, 117)	130
33 – AC. STJ, DE 86/03/06 (BMJ 355, 352)	130
34 – AC. STJ, DE 83/02/01 (BMJ 324, 552)	131
35 – AC. REL. LISBOA, DE 89/02/23 (CJ, ANO XIV, TOMO 1, 133)	131
36 – AC. REL. COIMBRA 91/01/08 (CJ, ANO XVI, TOMO 1, 44)	131
37 – AC. REL. LISBOA 91/02/21 (CJ, ANO XVI, TOMO 1, 158)	132
38 – AC. REL. PORTO 91/05/16 (CJ, ANO XVI, TOMO 3, 231)	132
39 – AC. REL. LISBOA 92/01/21 (CJ, ANO XVII, TOMO 1, 142)	133
40 – AC. REL. COIMBRA 92/03/24 (CJ, ANO XVII, TOMO 2, 50)	133
41 – AC. REL. COIMBRA 92/03/24 (CJ, ANO XVII, TOMO 2, 55)	133
42 – AC. STJ DE 91/05/02 (BMJ 407, 512)	134
43 – AC. STJ DE 91/09/29 (BMJ 409, 796)	134
44 – AC. REL. COIMBRA DE 91/07/02 (BMJ 409, 882)	135
45 – AC. STJ 1993/01/07 (CJ, ANO I, TOMO I, 15)	135
46 – AC. REL. COIMBRA 1993/01/12 (CJ, ANO XVIII, TOMO I, 13)	136
47 – AC. REL. COIMBRA 1993/02/09 (CJ, ANO XVIII, TOMO I, 39)	136
48 – AC. REL. PORTO 1993/01/19 (CJ, ANO XVIII, TOMO I, 203)	136
49 – AC. REL. LISBOA 1993/04/29 (BMJ, 426, 515)	137
50 – AC. REL. PORTO 1993/05/31 (BMJ, 427, 580)	137
51 – STJ ASSENTO N.º 4/94 DR, I-A, 1994/03/23	137
52 – AC. REL. COIMBRA BMJ 447, 581 1995-05-02	137

4.3. A Interpelação admonitória 138

    4.3.1. Sumários de Jurisprudência 140

1 – AC. STJ DE 28.04.1998 – IN COL. JUR., 1998 – TOMO II, P. 64	140
2 – AC. STJ DE 21.05.1998 – IN COL. JUR., 1998 – TOMO II, P. 91	140
3 – AC. STJ DE 26.05.1998 – IN COL. JUR., 1998 – TOMO II, P. 100	141
4 – AC. STJ DE 29.09.1998 – IN COL. JUR., 1998 – TOMO III, P. 45	141

4.4. Resolução 142

    4.4.1. Sumários de Jurisprudência 144

1 – AC. STJ, DE 87/01/29 (BMJ 363, 529)	144
2 – AC. REL. LISBOA, DE 88/01/07 (CJ, ANO XIII, TOMO 1, 105)	144
3 – AC. STJ, DE 87/11/10 (BMJ 371, 414)	144
4 – AC. REL. LISBOA, DE 87/11/03 (CJ, ANO XII, TOMO 5, 87)	145
5 – AC. REL. LISBOA, DE 87/06/02 (CJ, ANO XII, TOMO 3, 108)	145
6 – AC. REL. LISBOA, DE 86/12/11 (CJ, ANO XI, TOMO 5, 153)	145
7 – AC. STJ, DE 86/12/10 (BMJ 362, 531)	146
8 – AC. REL. PORTO, DE 86/03/20 (BMJ 355, 432)	146
9 – AC. STJ, DE 85/05/02 (BMJ 347, 375)	147

10 – AC. REL. PORTO, DE 85/03/19 (CJ, ANO X, TOMO 2, 219) 148
11 – AC. STJ, DE 85/02/13 (BMJ 344, 419) 148
12 – AC. RE, DE 84/01/19 (CJ, ANO IX, TOMO 1, 284) 148
13 – AC. STJ, DE 83/03/24 (BMJ 325, 570) 148
14 – AC. STJ, DE 83/03/19 (BMJ 345, 400) 148
15 – AC. REL. LISBOA, DE 83/03/03 (CJ, ANO VIII, TOMO 2, 101) 149
16 – AC. REL. LISBOA, DE 82/01/29 (CJ, ANO VII, TOMO 1, 164) 149
17 – AC. REL. LISBOA, DE 81/10/09 (CJ, ANO VI, TOMO 4, 105) 149
18 – AC. REL. LISBOA, 90/01/18 (CJ, ANO XV, TOMO 1, 1419).............................. 150
19 – AC. REL. COIMBRA, 87/10/20 (CJ, ANO XII, TOMO 4, 87).............................. 150
20 – AC. REL. COIMBRA, 89/01/24 (CJ, ANO XIV, TOMO 1, 44) 150
21 – AC. REL. COIMBRA, 88/10/18 (CJ, ANO XIII, TOMO 4, 86) 151
22 – AC. STJ, DE 86/06/03 (BMJ 358, 483) 151
23 – AC. REL. LISBOA, DE 86/04/17 (CJ, ANO XI, TOMO 2, 117) 152
24 – AC. STJ, DE 86/03/06 (BMJ 355, 352) 152
25 – AC. STJ, DE 86/10/14 (BMJ 360, 526) 152
26 – AC. REL. LISBOA, DE 84/10/11 (CJ, ANO IX, TOMO 4, 110) 154
27 – AC. REL. COIMBRA 92/03/24 (CJ, ANO XVII, TOMO 2, 146) 154
28 – AC. REL. COIMBRA 92/09/29 (CJ, ANO XVII, TOMO 4, 79) 154
29 – AC. REL. PORTO 92/09/21 (CJ, ANO XVII, TOMO 4, 240).............................. 155
30 – AC. STJ DE 91/09/29 (BMJ 409, 796) 155
31 – AC. REL. COIMBRA 1993/01/12 (CJ, ANO XVIII, TOMO I, 13) 156
32 – AC. REL. PORTO 1993/01/05 (CJ, ANO XVIII, TOMO I, 197) 156
33 – AC. REL. PORTO 1993/01/19 (CJ, ANO XVIII, TOMO I, 203) 157
34 – AC. STJ 1992/12/02 (BMJ 422, 335) 157
35 – AC. REL. PORTO 1993/05/31 (BMJ, 427, 580) 158

4.5. A *"traditio rei"* e a indemnização pelo aumento do valor da coisa 159

4.6. A *"traditio rei"* e o direito de retenção.................................. 159

4.6.1. *Sumários de Jurisprudência*............................... 165

1 – AC. STJ – IN COL. JUR., 1999 – TOMO I, P. 103 165
2 – AC. STJ – IN COL. JUR., 1999 – TOMO I, P. 137 165
3 – AC. REL. LISBOA, DE 90/10/11 (CJ, ANO XV, TOMO 4, 147) 166
4 – AC. REL. PORTO, DE 89/02/21 (CJ, ANO XIV, TOMO 1, 196) 166
5 – AC. REL. ÉVORA, DE 86/05/28 (CJ, ANO XI, TOMO 3, 253)............................. 167
6 – AC. REL. LISBOA, DE 87/05/19 (CJ, ANO XII, TOMO 3, 86)............................ 167
7 – AC. REL. COIMBRA, DE 82/11/02 (CJ, ANO VII, TOMO 5, 20) 168
8 – AC. REL. LISBOA, DE 82/02/10 (CJ, ANO VII, TOMO 1, 190) 168
9 – AC. STJ, DE 85/11/21 (BMJ 351, 332) 168
10 – AC. REL. COIMBRA, DE 83/10/08 (CJ, ANO VIII, TOMO 5, 36) 169
11 – AC. REL. LISBOA, DE 81/10/09 (CJ, ANO VI, TOMO 4, 105) 169
12 – AC. REL. PORTO, DE 89/04/23 (CJ, ANO XIV, TOMO 2, 207) 170

13 – AC. REL. PORTO, DE 88/11/10 (CJ, ANO XIII, TOMO 5, 189) 170
14 – AC. STJ, DE 86/02/25 (BMJ 354, 549) 170
15 – AC. REL. LISBOA, DE 84/10/11 (CJ, ANO IX, TOMO 4, 107) 171
16 – AC. REL. COIMBRA 92/03/24 (CJ, ANO XVII, TOMO 2, 146) 171
17 – AC. RE 92/03/12 (CJ, ANO XVII, TOMO 2, 283) 172
18 – AC. REL. COIMBRA DE 91/06/04 (BMJ 408, 658) 172
19 – AC. REL. LISBOA DE 91/11/21 (BMJ 411, 639) 172
20 – AC. REL. PORTO 1993/04/27 (CJ, ANO XVIII, TOMO II, 225) 172
21 – AC. STJ 1992/10/08 (BMJ 420, 495) 172
22 – AC. STJ – IN COL. JUR., 1993 – TOMO III, P. 60... 173
23 – AC. STJ – IN COL. JUR., 1996 – TOMO III, P. 109 173
24 – AC. REL. ÉVORA – IN COL. JUR., 1996 – TOMO V, P. 283 174